Die Fähigkeit zu Manipulieren

Der vollumfängliche Psychologie Guide: Wie Sie Menschen lesen, Körpersprache verstehen und mittels suggestiver Manipulationstechnicken ihren Gegenüber steuern inkl. 3 NLP Konterstrategien

Julius Kronbach

ISBN – 9798521822287

Inhaltsverzeichnis

EXKLUSIVER BONUS

HÖRBUCH GRATIS ERHALTEN

Das 1x1 der Manipulation

Halten Sie Ihre Handykamera einfach auf den QR Code
und kommen Sie so zu dem Gratis-Download:

QR-Code mit Kamera scannen und
GRATIS Bonus erhalten:

Einleitung: Manipulation – ein oft unbekanntes Feld

Die meisten Menschen verbinden negative Assoziationen mit dem Begriff der Manipulation.

Wie geht es Ihnen, wenn Sie diesen Begriff hören? Fühlen Sie sich wohl beim Gedanken, andere zu manipulieren? Oder wird Ihnen dabei etwas unbehaglich zumute?

Wenn Letzteres der Fall ist, seien Sie versichert: Damit stehen Sie nicht allein da. In unserer westlichen Kultur ist der Begriff der Manipulation durch gesellschaftliche Normen negativ besetzt. Dabei muss Manipulation eigentlich gar nichts Schlechtes sein. In der Tat manipuliert jeder von uns Tag für Tag seine Mitmenschen – durch unbewusste Strategien, die impulsiv gesteuert werden. Diese können Schaden anrichten und führen selten zum Erfolg. Herzlichen Glückwunsch also, dass Sie, trotz all der negativen Assoziationen, die das Wort Manipulation weckt, bereit sind, sich aktiv und konstruktiv damit auseinanderzusetzen!

Freilich kann man Manipulation – wie fast alles im Leben – auf verschiedene Arten bewerten. Und wie mit allem ist es auch mit der Manipulation: Sie ist nicht nur gut oder nur schlecht. Es gibt eher gute und schlechte Formen der Manipulation.

Schlechte Manipulationen bauen impulsiv und instinkthaft auf unseren eigenen Emotionen auf. Oft spielen egoistische Wünsche und Ängste dabei eine große Rolle. Solche Manipulationen sind aufdringlich und arbeiten meist mit

Druckmitteln wie einem schlechten Gewissen oder behaupteten Verpflichtungen.

Gute Manipulationen nutzen aktiv bestimmte Verhaltensweisen oder Gesprächstechniken, um den anderen in eine bestimmte Richtung zu lenken. Dabei bedeutet manipulieren niemals, dass Sie ihn dazu „zwingen“ etwas zu tun, das gegen seine eigenen Interessen geht. Denn das wird auch mit der besten Technik nicht gelingen! Vielmehr müssen Sie als guter Manipulator überlegen, was passieren muss, damit alle Beteiligten etwas Positives aus der Sache ziehen. Gute Manipulation kann also tatsächlich helfen, das Leben für Sie *und* andere Menschen in Ihrem Umfeld besser zu machen!

Per Definition handelt es sich bei Manipulation nicht um etwas Anrüchiges, sondern einfach um ein bewusst ausgeführtes Verhalten, welches für andere nicht so leicht zu durchschauen ist, uns selbst aber einen Vorteil verschaffen soll. Man könnte sagen, dass Manipulation nichts anderes bezeichnet, als die Fähigkeit, andere von uns zu überzeugen.

Jeder Versuch, andere von uns zu überzeugen, ist eine Form der Manipulation. Jedes Mal, wenn Sie einem anderen etwas erfolgreich verkaufen, haben Sie ihn manipuliert. Das muss keineswegs übergriffig oder schlecht sein – vorausgesetzt, Sie nutzen gute Manipulationstechniken und nicht die schlechten, die Sie vermutlich ohnehin tagtäglich anwenden.

Unsere negativen Manipulationsversuche können unsere Beziehungen und unseren Erfolg im Leben empfindlich stören. Doch wie erkennt man eine negative Manipulation?

Sie baut darauf auf, dass der andere (oder auch wir, wenn wir manipuliert werden) durch massive negative Einflussnahme auf dessen Gefühlsleben dazu gebracht werden soll, etwas zu tun. Wir erzeugen also ein schlechtes Gefühl in ihm. Da er dieses schnell wieder loswerden will, gibt er nach und macht, was wir wollen.

Obwohl ein solches Verhalten objektiv betrachtet kindisch und leicht durchschaubar erscheint, erkennen wir in der Praxis meist nicht so schnell, dass wir manipuliert werden. Denn der andere weckt intensiv unangenehme Gefühle in uns, die dazu führen, dass wir seine Verhaltensweisen gar nicht hinterfragen.

Wenn Sie selbst erfolgreich andere manipulieren wollen, sollten Sie wissen, woran Sie negative Manipulationen erkennen. Denn dann erkennen Sie selbst schneller, wenn jemand versucht, Sie zu manipulieren und können die Situation herumdrehen. Zudem wissen Sie dann, welche Sätze nie fallen sollten, wenn Sie erfolgreich manipulieren wollen!

Typische Sätze, die eine negative Manipulation anzeigen und ihre Wirkung im Gegenüber habe ich Ihnen daher in der folgenden Tabelle zusammengefasst. Sie werden erstaunt sein, hinter welchen alltäglichen Sprachmustern sich eigentlich gezielte Manipulationsversuche verbergen!

Genutzte Emotion	Wirkung	Typische Formulierungen
Scham / schlechtes Gewissen	Die meisten Manipulationen zielen darauf ab, uns ein schlechtes Gewissen einzureden. Dieses empfinden wir nämlich als nagend, weshalb wir alles daransetzen, die Situation schnell aufzulösen und in der Zukunft zu vermeiden.	Ich würde mich freuen, wenn... Du weißt, ja dass... Ich sage ja nur, dass... Das nächste Mal... Kannst du nicht einmal...
Angst	Kaum ein Gefühl treibt uns so akut zum Handeln an, wie die Angst. Sie ist daher ein häufig genutztes Instrument negativer Manipulation.	Du musst bedenken, dass... Im schlimmsten Fall... Nimm dir ruhig Zeit, aber... Denkst du nicht, dass... Ich mache mir Sorgen, dass...
Kein spezifisches	Nicht immer nutzen negative Manipulationen ein spezifisches Gefühl. Oft wird ein angenommener Vorteil für uns einfach behauptet und wir übernehmen ihn ungefragt, da wir befürchten, uns sonst mit negativen Gefühlen auseinandersetzen zu müssen. Oft tarnen sich diese Manipulationen sogar als vermeintlich gutgemeinte Ratschläge.	Versuch doch mal... Ich denke, dass... Besser wäre... Wenn du mich fragst... Meiner Meinung nach...

Sie sehen: negative Manipulationen kommen oft sehr subtil daher. Nehmen wir beispielsweise den ersten Satz in der Tabelle: „Ich würde mich freuen, wenn…“ Das klingt nahezu wie eine positive Sache: „Ich würde mich freuen, wenn du kommst.“ Ist doch schön, wir sind dem anderen so wichtig, er freut sich, wenn wir kommen!

Leider registriert unser Hirn auch die unterschwellige Aussage dahinter: „Wenn du nicht kommst, werde ich verärgert oder traurig sein.“ Wir hören sie nicht, doch sie kommt trotzdem bei uns an. Wir empfinden einen gewissen Druck, zu kommen, und das vermutlich, ohne zu wissen, warum das so ist.

Dabei erkennen Sie negativ manipulative Sprachmuster oft daran, dass die Person eigentlich gar nicht über Sie spricht, sondern über sich selbst!

Kommt so etwas gelegentlich vor, hinterfragen wir das auch nicht weiter. Erst wenn ein bestimmter Mensch fast ausschließlich in dieser Art mit uns spricht, fällt uns irgendwann auf, dass er uns manipuliert. Dann sind Beziehungen aber oft so zerrüttet, dass sie nicht mehr gerettet werden können.

Schon allein deshalb versucht eine wirklich gute Manipulation nicht, den anderen mit solchen Argumenten zu überzeugen! Denn das Ergebnis wird im Zweifelsfall das gleiche sein. Eine gute Manipulation aber gibt dem anderen nicht den Eindruck, dass Sie ihn ausnutzen. Er wird Ihnen daher auch in Zukunft eher wohlgesonnen sein.

Woran aber erkennt man dann eine positive Manipulation? Sie baut auf positiven Gefühlen auf. Eher als Angst, Scham oder Wut auszulösen, um den anderen in eine bestimmte Richtung zu lenken, versuchen wir dabei, Vorfreude, Begeisterung, Ehrgeiz und dergleichen zu wecken. Das spornt genauso an, wie negative Emotionen, wir fühlen uns dabei aber besser!

Im besten Fall haben am Ende beide Seiten etwas bekommen, was sie wollten.

Um Ihnen den Unterschied wirklich vor Augen zu führen, möchte ich Ihnen einige Beispiele zeigen. Wir stellen uns eine bestimmte Situation vor und was wir in dieser erreichen wollen. Dann können wir uns überlegen, wie eine schlechte und wie eine gute Manipulation in diesem Moment aussehen würde.

Situation:	Ihr Kind weigert sich, Mittag zu essen und will stattdessen etwas Süßes.
Ziel:	Das Kind soll zunächst Mittag essen.
Negative Manipulation:	„Wenn du jetzt nichts isst, bekommst du den ganzen Tag nichts Süßes mehr!“ →arbeitet mit der Angst des Kindes
Positive Manipulation:	„Wenn du jetzt wenigstens einen halben Teller isst, bekommst du danach etwas Süßes als Nachtisch.“ →weckt den Ehrgeiz im Kind

Situation:	Sie wollen Ihren Partner davon überzeugen, ein größeres Auto zu kaufen, er möchte lieber einen Kleinwagen.
Ziel:	Der Partner soll zustimmen, das größere Auto zu kaufen.
Negative Manipulation:	„Spätestens, wenn wir das erste Mal in den Urlaub fahren, wirst du diese Entscheidung bereuen!“ →arbeitet mit der Angst des Partners
Positive Manipulation:	„Überleg mal, wieviel Platz die Kinder bei der langen Fahrt in den Urlaub haben. Sie werden viel weniger quengeln, und einen Koffer mehr können wir erst noch

	mitnehmen.“ →weckt die Vorfreude im Partner

Situation:	Sie sind sich mit einem Kollegen uneins über die richtige Vorgehensweise bei der Lösung eines beruflichen Problems.
Ziel:	Ihr Kollege soll Ihnen zustimmen.
Negative Manipulation:	„Im Studium war das mein Schwerpunkt, ich würde also sagen, dass ich mehr Ahnung davon habe.“ →weckt Scham und Minderwertigkeitsgefühle im Kollegen
Positive Manipulation:	„Ich finde deinen Vorschlag gut. Aus fachlicher Sicht würde ich vielleicht das eine oder andere ergänzen wollen.“ →arbeitet mit Anerkennung des Kollegen und seiner Leistungen

Sehen Sie, wie positiv eingesetzte Formen der Manipulation Gutes bewirken können, und dass diese nicht übergriffig sein müssen?

Wenn Sie wissen, wie Sie manipulieren müssen, werden nicht nur Sie selbst davon profitieren. Dabei lassen sich Manipulationstechniken im Privatleben ebenso einsetzen wie im Berufsleben.

Gehen wir nun also tiefer in die Materie. Zunächst wollen wir darauf eingehen, wie Sie Menschen richtig verstehen. Eine korrekte Interpretation der Körpersprache ist dazu unumgänglich. Danach gehe ich darauf ein, nach welchen Grundprinzipien Manipulation gelingen kann. Schließlich werden wir uns verschiedene suggestive Manipulationstechniken ansehen. Am Ende bekommen Sie noch drei gute Strategien für schlagfertigere Antworten von mir an die Hand.

So lesen Sie Menschen anhand ihrer Körpersprache

Was würden Sie denken, wie groß der Anteil der Körpersprache an unserer Kommunikation ist? Und wie groß der der Worte?

Die Zahlen sind erstaunlich: Achtzig Prozent der Nachrichten, die wir dem anderen übermitteln, werden nonverbal weitergeleitet. Das Gesagte macht also nur zwanzig Prozent unserer Kommunikation aus!

Wenn Sie andere Menschen wirklich verstehen wollen, ist es daher unumgänglich, dass Sie sich intensiver mit Körpersprache auseinandersetzen. Sie sollten andere Menschen dahingehend lesen und die Ergebnisse sicher interpretieren können. Zwar werden wir später im Buch noch dazu kommen, dass nicht jeder Mensch Körpersprache „wie aus dem Lehrbuch" benutzt. Dennoch ist es hilfreich, die gängigsten Signale einordnen zu können.

Was versteht man alles unter Körpersprache?

Unter Körpersprache verstehen wir all die Signale, die wir unbewusst abgeben, also ohne, dass wir das auch merken würden. Die gegenübersitzende Person liest unsere Körpersprache ebenfalls nicht bewusst aus. Nonverbale Kommunikation läuft damit wieder zu einem sehr großen Teil über Instinkte ab. Wir nehmen nur etwa ein Prozent der Körpersprache des anderen bewusst wahr, nämlich immer dann, wenn diese besonders provokativ ist, wie beispielsweise das Verschränken der Arme im Streit.

Zur Körpersprache gehören Gesten ebenso wie unsere Gesichtsausdrücke, unsere Körperhaltung oder unser Tonfall. Sie bilden ein komplexes Kommunikationsinstrument, welches zwar zwischen Menschen und Kulturkreisen variieren kann. Trotzdem gibt es auch universell lesbare Gesten der Körpersprache.

Diese universellen Gesten lassen sich erlernen. Dann können Sie diese im ersten Schritt lesen und in einem zweiten sogar bewusst einsetzen, um den anderen zu beeinflussen oder zu steuern.

Das mag erstmal schwer klingen. Allerdings handelt es sich hierbei nicht um das klassische Erlernen einer fremden Sache. Begreifen Sie Körpersprache also nicht als eine Art „Fremdsprache“, die Sie erlernen müssten. Eher ist sie wie eine Muttersprache, in deren Grammatik Sie ja auch erst später im Leben eingeweiht wurden.

Bei verschiedenen Elementen der Körpersprache wird es Ihnen unterschiedlich leichtfallen, diese bewusst korrekt zu erfassen und auszulesen. Beim Tonfall oder Lautäußerungen wie „hmm“ und „ähm“ der anderen Person tun wir uns meist leicht. Schwieriger wird es hingegen bei Gesten und Mimik.

Hier wollen wir zum ersten Mal in diesem Buch die Erkenntnisse eines renommierten Psychologen heranziehen. Ein großer Teil der Psychologie widmet sich der Frage, wie und nach welchen Regeln wir kommunizieren. Ein berühmter Forscher auf diesem Gebiet ist der Psychologe Paul Ekman aus den USA.

Ekman hat sich in seiner Forschung intensiv mit der Mimik des Menschen auseinandergesetzt. Unter diesem Oberbegriff verstehen wir alle Gesichtsausdrücke, die das menschliche Gesicht annimmt.

In unserem Gesicht sitzen etwa 50 Muskeln – das sind knapp acht Prozent aller Muskeln, die der menschliche Körper besitzt. Dies ist eine Besonderheit der menschlichen Spezies – kein Tier kann so viele Gesichtsausdrücke annehmen wie der Mensch! Dennoch lassen sich diese Gesichtsausdrücke laut Ekman in bestimmten Kategorien klassifizieren. Auch Gesten lassen sich bei näherer Betrachtung in diese Kategorien einteilen:

- **Embleme:** Darunter verstehen wir *kulturspezifische* körpersprachliche Signale, die also von Kulturkreis zu Kulturkreis eine andere Bedeutung haben können. Diese werden *bewusst* eingesetzt.
- **Illustratoren:** Dies sind *unterstreichende* Signale, die also eine gesagte Sache verstärken sollen. Auch Illustratoren wenden wir eher *bewusst* an.
- **Affektive Gesten:** Hierunter versteht man *emotionale* Signale, die unsere Gefühle zum Ausdruck bringen sollen. Sie werden größtenteils *unbewusst* angewendet.
- **Regulatoren:** Hierbei handelt es sich um *beeinflussende* Signale, mit denen wir versuchen, den anderen direkt zu einer bestimmten Sache zu animieren. Diese werden *teilweise bewusst* und *teilweise unbewusst* angewandt.
- **Adaptoren:** Diese Gruppe ist besonders interessant, denn es handelt sich um Signale mit *selbstregulierender* Wirkung. Wir halten uns durch sie zum Beispiel selbst davon ab, etwas Unüberlegtes zu sagen. Adaptoren werden *unbewusst* angewendet.

Besonders machtvoll wird das Auslesen der Körpersprache, wenn Sie sich mit den *unbewusst* angewandten Gesten eines Menschen beschäftigen. Diese besitzen einen hohen Selbstoffenbarungscharakter und können Ihnen klar und deutlich verraten, was der andere wirklich von Ihnen, einem Vorschlag oder einer Situation hält.

Achten Sie auf Ihre Umgebung

Lassen Sie bei der Betrachtung der Körpersprache eines Menschen die aktuelle Situation nicht außer Acht. Es gibt verschiedene Faktoren, die die genaue Ausprägung der Körpersprache hemmen, verstärken oder verändern können:

- Situation selbst: Angenehm oder unangenehm für die betreffende Person?
- Hintergründe des Aufeinandertreffens: Spontan, geplant, sachlich, emotional?
- Beteiligte Personen: Kennen sie sich, Beziehungen zueinander, Herkunft?
- Äußere Umstände: Wetter, Jahreszeit, Temperatur, Ort, Geräuschpegel, etc.?

Wenn Sie diese Faktoren außen vorlassen, dann wird dies zwangsläufig zu falschen Interpretationen der Körpersprache anderer führen.

Sehr bedeutend gerade in unserer globalen und multikulturellen Gesellschaft sind kulturelle Verschiedenheiten der beteiligten Gesprächspartner. Nicht nur die offensichtlichen Gesten (Embleme) unterscheiden sich unter Umständen. Gerade Menschen aus sehr unterschiedlichen Kulturkreisen haben oft eine verschieden ausgeprägte Art und Stärke, mit der gestikuliert wird.

So kommt Ihnen, wenn Sie in Deutschland aufgewachsen sind, die Mimik und Gestik vieler Japaner vermutlich seltsam steif vor. Das liegt daran, dass in deren Kultur das allzu starke Zeigen der eigenen Gefühlswelt als unhöflich und unangebracht gilt. Gleichzeitig kann Ihnen beispielsweise ein Mensch aus Südamerika sehr temperamentvoll vorkommen, da hier das offene Zeigen der Gefühle auch mittels Körpersprache als vertretbar und normal gilt.

Sie müssen nicht den Umgang jeder einzelnen Kultur mit der Körpersprache kennen. Machen Sie sich aber bewusst, dass Sie vorsichtig an die Deutung herangehen sollten, wenn der Mensch Ihnen gegenüber unter Umständen in einem anderen Kulturkreis sozialisiert wurde wie Sie.

Doch auch ganz banale körperliche Umstände können die Mimik und Gestik verändern. Gerade Frauen zum Beispiel neigen zu stark veränderter Körpersprache, wenn es kalt ist. Hier wird sehr viel sparsamer mit Gesten umgegangen, verschränkte Arme deuten dann vielleicht nicht auf Ablehnung.

Ältere Menschen sind im gesamten Bewegungsablauf eingeschränkter als junge. Das zeigt sich auch in den körpersprachlichen Signalen, die oft weniger eindeutig ausfallen. Dasselbe gilt für Menschen jeder Altersklasse, die unter körperlichen Beeinträchtigungen leiden. Das muss keine offensichtliche Behinderung oder Erkrankung sein – auch ein zunächst „unsichtbares“ Rückenleiden kann zu einer eingeschränkten Körpersprache führen.

Behalten Sie also im Kopf, dass Sie sich an das Lesen der Körpersprache immer wieder aufs Neue einstellen müssen. Später im Buch werde ich Ihnen das NLP-Konzept des Kalibrierens vorstellen, das Ihnen dabei behilflich sein kann.

Körpersprache in der Praxis

Mit dem Wissen über die individuellen Umstände nonverbaler Kommunikation, wollen wir nun dennoch die wichtigsten menschlichen Gesten und Gesichtsausdrücke kennenlernen. Dabei handelt es sich um universell gültige Gesten, die also über Kulturraumgrenzen hinweg Anwendung finden.

Wir beschränken uns auf die wichtigsten körpersprachlichen Signale. Wenn Sie diese sicher beherrschen, das heißt, sie meistens korrekt deuten und vielleicht sogar selbst bewusst anwenden können, um den anderen zu steuern, können Sie natürlich gerne weitere erlernen. Behalten Sie aber im Kopf: Jeder Mensch kennt etwa eintausend Körperhaltungen, mehrere tausend Gesten und sage und schreibe etwa 250.000 Gesichtsausdrücke! Sie können nicht alle kennen – das müssen Sie auch gar nicht.

Wenn Sie Körpersprache möglichst korrekt lesen wollen, achten Sie zudem nicht nur auf einzelne Gesten oder Ausdrücke. Vor allem eine Häufung bestimmter Signale ist auffällig. Eine einzelne Geste, die nicht in den Gesamtkontext passt, dürfen Sie meist ignorieren. Versuchen Sie stattdessen, körpersprachliche Muster zu erkennen!

Gesten, die Ablehnung ausdrücken

Ablehnung kann viele Formen annehmen. Körpersprache kann Ihnen sehr genau verraten, welche *Art der Ablehnung* ein anderer Mensch Ihnen oder Ihren Ideen entgegenbringt.

Eine typische Situation: Sie präsentieren eine Idee oder einen Vorschlag und wollen die andere Person überzeugen. Die aber ist noch nicht recht überzeugt und hat Zweifel - nicht, weil Sie Ihnen als Person ablehnend gegenübersteht, sondern einfach, weil der Vorschlag aus ihrer Sicht noch nicht rund ist. Das können Sie an folgenden Gesten erkennen:

- Die Person greift sich beim Zuhören immer wieder an die Nase, an den Mund oder ans Ohr.
- Sie runzelt die Stirn, wenn auch nur leicht.
- Sie schiebt die Unterlippe leicht vor.
- Sie stützt das Kinn auf die Hand auf.
- Sie zieht die Augenbrauen hoch.
- Sie zeigt allgemein kaum Mimik.

Dies sind schwache Gesten der Ablehnung. Stärker wird es bei diesen Gesten, die eine allgemeine Ablehnung Ihrer Person oder Desinteresse am Gesagten und ein Gefühl von Überlegenheit anzeigen:

- Die Person schlägt die Beine übereinander oder verschränkt die Arme.
- Sie stemmt die Hände in die Hüften.
- Sie spricht sehr monoton und wirkt insgesamt starr.
- Sie kommt nicht in den Raum, sondern bleibt wie „auf dem Sprung“ in der Tür stehen.
- Sie gähnt demonstrativ.

- Sie achtet stets darauf, Ihnen gegenüber erhöht zu stehen oder zu sitzen. Sie dreht sich stets leicht von Ihnen weg.
- Sie macht eine spitze Form mit den Händen, ähnlich einem Dreieck, und zeigt damit in Ihre Richtung.
- Sie zieht die Nasenlöcher zusammen oder presst die Lippen aufeinander.
- Sie spielt mit Gegenständen herum, während sie Ihnen zuhört.

Eine Steigerungsform ist, wenn die Person wütend auf Sie ist. Oft können Sie das schon leicht erkennen, es gibt aber auch Gesten, die Ihnen verraten, dass jemand zwar wütend auf Sie ist, es aber nicht offen zeigen möchte:

- Die Person beißt beim Zuhören mit den Zähnen aufeinander. Von außen sehen Sie vielleicht nur, dass der Kiefer nicht entspannt aussieht.
- Sie greift sich immer wieder an den Nacken.
- Sie spricht mit schmalen Augenlidern oder gesenktem Kinn.
- Die Stimme wird etwas höher oder schriller.

Gesten, die Zuneigung ausdrücken

Doch ebenso kann eine Person natürlich über die Körpersprache auch ausdrücken, dass Sie Ihnen wohlgesonnen ist. Die Deutung dieser Signale ist vor allem dann hilfreich, wenn Sie unsicher sind, was die andere Person über Sie denkt.

Eindeutige Zeichen, dass eine Person Ihnen und dem Gesagten offen gegenübersteht, sind:

- Die Person spricht in einer veränderten Stimmlage: bei Frauen etwas höher, bei Männern etwas tiefer.
- Sie spiegelt Ihre Körpersprache.
- Sie hält Blickkontakt, ohne Sie anzustarren.
- Sie greift sich an die Haare.
- Sie hält die Hände offen.
- Sie spricht deutlich sowie mit angenehmer Geschwindigkeit und Lautstärke. Der Tonfall ist warm, angenehm und freundlich.
- Sie greift sich ans Kinn.
- Sie lächelt Sie an. Beim Lachen zeigen sich Lachfalten.
- Sie rückt näher an Sie heran.
- Beim Zuhören neigt sie den Kopf leicht zur Seite.
- Sie hebt das Kinn und streckt den Kopf leicht vor.
- Die Augen sehen wach und aktiv aus und sind ganz geöffnet. Die Pupillen sind leicht geweitet.
- Die Stirn ist faltenfrei.

Gesten, die von Unsicherheit zeugen

Doch nicht nur Ablehnung und Zuneigung können recht sicher aus der Körpersprache gelesen werden. Der andere offenbart auch viel darüber, ob er sich in der Situation sicher fühlt oder nicht.

Als schwache Gesten der Unsicherheit dürfen solche gelten, die in erster Linie anzeigen, dass die Person selbstunsicher ist oder den Eindruck hat, nicht genug über das Gesagte zu wissen:

- Die Person spricht tendenziell leise, sehr langsam und schlecht verständlich.
- Sie lässt die Schultern hängen.

- Sie meidet Blickkontakt.
- Sie versteckt die Hände immer wieder oder sogar dauerhaft hinter dem eigenen Rücken.

Es gibt aber auch Gesten, die Ihnen anzeigen, dass die Person nicht sicher ist, was sie vom Gesagten halten soll:

- Die Person kratzt sich wiederholt am Kopf.
- Sie wechselt häufig das Standbein, auch im Sitzen.
- Sie rümpft die Nase oder zeigt geweitete Nasenlöcher.

Ein häufiger Grund für Unsicherheit ist Nervosität oder Angespanntheit, sowohl allgemein als auch aufgrund der aktuellen Situation. Diese können Sie an verschiedensten körpersprachlichen Signalen erkennen:

- Die Person sitzt auf der Stuhlkante.
- Die Person ist unruhig und bewegt sich viel. Sie gestikuliert eventuell wild und schnell. Sie kann aber auch sehr steif gestikulieren.
- Sie spielt mit Ihren Haaren herum.
- Die Finger sind unruhig. Das kann sich durch ständige Bewegungen, ein Herumspielen an der eigenen Kleidung oder sogar Klopfen und Trommeln zeigen.
- Sie zittert kaum merklich und atmet schneller als gewöhnlich.

Die stärkste Form unsicherer Gesten sind solche Signale, die Ihnen zeigen, dass die Person sich in der Situation unwohl fühlt. Die folgenden Gesten zeigen damit an, dass die Person Furcht vor Ihnen empfindet, von der Situation überfordert ist oder anderweitig den Eindruck hat, sich selbst schützen zu müssen:

- Sie zieht die Augenbrauen gerade nach oben, aber nicht zusammen.
- Die Arme sind verschränkt, der Oberkörper aber nicht überlegen aufrecht, sondern zusammengesunken und nach vorne gebeugt.
- Die Pupillen sind stark geweitet oder die Person blinzelt sehr häufig und schnell. Dies deutet auf Angst. Ist die Person eher schockiert, können die Pupillen auch stark verengt sein.
- Sie reibt sich wiederholt lange die Hände.

Gesten, die Sicherheit zeigen

Wenn eine Person sich sicher fühlt, zeigt sich das natürlich auch in ihrer Körpersprache.

Hierbei können wir wieder unterscheiden zwischen *Selbstsicherheit* und einem Gefühl der *Sicherheit in der jeweiligen Situation.*

Selbstsicherheit zeigt sich durch folgende Signale der Körpersprache:

- Die Person macht große, ausladende, aber ruhige Gesten.
- Die Körperhaltung ist entspannt, aber aufrecht.
- Sie steht fest auf beiden Beinen. Die Beine sind tendenziell etwas weiter auseinander. Das gilt auch im Sitzen.
- Sie verschränkt Hände oder Unterarme locker vor dem Unterkörper.
- Sie spricht mit fester Stimme.

Ist die Person nicht nur selbstsicher, sondern fühlt sie sich der Situation gewachsen und mit allen Beteiligten wohl, zeigt sie die folgenden Verhaltensweisen:

- Die Person lächelt viel und lacht an geeigneten Stellen.
- Die Körperhaltung ist entspannt zurückgelehnt.
- Die Mundwinkel sehen entspannt aus. Die Lippen sind voll und natürlich.
- Gesten der Hände zeigen eher nach oben.
- Sie spricht mit angemessener Lautstärke und guter Intonation und Modulation. Das bedeutet, sie betont die Worte stark, aber richtig und versucht, ihren Vortrag durch Wechsel der Lautstärke interessant zu gestalten.
- Sie reibt sich wiederholt kurz die Hände.

Gesten, die Lügen offenbaren

Eine Frage, die häufig aufkommt, wenn es um die richtige Deutung der Körpersprache geht, ist die, ob man auch erkennen kann, wenn die andere Person lügt. Das ist in der Tat möglich! Gute Lügner können zwar einige der genannten Signale ihrer Körpersprache unterdrücken, niemals aber alle. Schlechte oder ungeübte Lügner werden sich ihrer eigenen körpersprachlichen Signale beim Lügen gar nicht bewusst sein und können damit oft sehr leicht entlarvt werden. Was Sie mit diesem Wissen anfangen, sollten Sie sich aber gut überlegen – meist wird es nur Gegenwehr auslösen, wenn Sie den anderen auf seine Unehrlichkeit hinweisen!

Schwache Gesten der Unehrlichkeit sind solche, die lediglich darauf hindeuten, dass die Person Ihnen gegenüber mehr

Sympathie glaubhaft machen möchte, als sie Ihnen gegenüber wirklich empfindet. Dies sind vor allem:

- Die Person lächelt unehrlich. Sie erkennen dies am Fehlen von Lachfalten, besonders um die Augenpartie!
- Die Person blickt Ihnen zu intensiv oder anderweitig unangenehm in die Augen oder baut übertriebenen Körperkontakt her.

Stärker sind Gesten, die darauf hindeuten, dass die Person zwar nicht offensiv lügt, aber versucht, etwas vor Ihnen zu verheimlichen:

- Die Person benutzt sehr starke positive Gesten oder Gesichtsausdrücke.
- Sie versteckt ihre Hände und zeigt Ihnen insbesondere die Handinnenflächen nicht.
- Sie spricht auffällig laut oder schnell.
- Sie greift sich beim Sprechen verlegen und kurz an die Nase.

Die stärkste Form „unehrlicher" Körpersprache sind Signale, die darauf hindeuten, dass die Person Sie wissentlich anlügt:

- Die Person schaut Ihnen intensiv oder viel zu lange in die Augen oder starrt Sie förmlich an. Der Blickkontakt gestaltet sich sehr unangenehm.
- Sie verwendet völlig übertriebene Gesten und Gesichtsausdrücke oder gestikuliert wild und schnell.
- Sie greift sich wiederholt und sehr auffällig an die Nase, während sie spricht.

Interpretation der Blickrichtung

Eine Methode der Psychologie, die zwar umstritten ist, aber durchaus gute Interpretationsergebnisse liefert, ist auch die der Beobachtung der Blickrichtung. Das kennen Sie bestimmt aus Filmen und Serien, wenn der Gerichtspsychologe sofort sagen kann, dass der Angeklagte lügt, nur weil er in eine bestimmte Richtung geblickt hat!

Auch Sie können das lernen. Das entsprechende Konzept geht auf das NLP zurück, dessen Methoden wir weiter hinten im Buch noch genauer beleuchten werden. Laut NLP verrät unsere Blickrichtung, ob wir ehrlich sind und aus welchem Beweggrund wir etwas sagen.

Beobachten Sie, wohin Ihr Gegenüber blickt, kurz vor oder genau in dem Moment, in dem es etwas sagt. Die Blickrichtung kann sechs verschiedenen Bereichen folgen:

Blick geht nach links oben:
Das Gesagte ist visuell erinnert, es ist also wahr und die Person hat dazu eine bildliche Erinnerung im Kopf. Diese Aussagen haben einen hohen Wahrheitsgehalt.

Blick geht nach rechts oben:
Das Gesagte ist visuell konstruiert. Der andere stellt sich eine Sache also bildlich vor und zieht daraus Schlüsse.

Blick geht mittig nach links:
Das Gesagte ist auditiv erinnert. Die Person erinnert sich also an einen Dialog, in dem die genannte Information fiel. Diese Aussagen können durch falsch erinnerte Fakten auch inkorrekt sein, sind aber ehrlich gemeint.

Blick geht mittig nach rechts:
Das Gesagte ist auditiv konstruiert. Es handelt sich also um eine Schlussfolgerung, die eine Person aus den Fakten zieht, die ihr persönlich bekannt sind. Hier zeigen sich auch bewusste Lügen!

Blick geht nach links unten:
Das Gesagte entspringt dem inneren Dialog des anderen. Es besitzt also keinen objektiv prüfbaren Wahrheitsgehalt, drückt aber ehrlich aus, was im anderen vor sich geht.

Blick geht nach rechts unten:
Das Gesagte speist sich aus den Emotionen des anderen. Achtung! Diese Aussagen können viel über die Gefühle des anderen offenbaren, aber auch hoch manipulativ sein!

Die grundlegenden Prinzipien der Manipulation

Bevor wir uns mit konkreten suggestiven Techniken auseinandersetzen, möchte ich Ihnen etwas Theorie mit an die Hand geben.

Keine Angst: Wir werden uns jetzt nicht tief in die psychologische Forschung einarbeiten. Eigentlich reicht es, sich mit den Theorien des amerikanischen Marketing-Psychologen Robert Cialdini auseinanderzusetzen.

Cialdinis Wissen wird Ihnen helfen, effektiver und vor allem erfolgreicher zu manipulieren. Denn er hat sechs Prinzipien formuliert, die zumindest teilweise erfüllt sein müssen, damit eine Manipulation funktionieren kann. Machen Sie sich diese Prinzipien praktisch zunutze, können Sie dabei nur gewinnen!

Wie sind die Prinzipien der Manipulation entstanden?

In seinem Fach ist Robert Cialdini weltberühmt. Der studierte Psychologe, der sich früh auf den Bereich der Sozialpsychologie spezialisierte, arbeitet heute als renommierter Professor an einer der bedeutendsten Hochschulen der USA, der Arizona State University. Dort lehrt er im Fach Marketing und bringt seinen Studenten die Bedeutung psychologischer Prinzipien für ein erfolgreiches Verkaufen bei.

Cialdini erkannte früh, dass jeder aktive Verkauf einer Sache eine Art der Manipulation ist: Ein Verkäufer beeinflusst einen Käufer mit Argumenten dahingehend, für eine Sache teilweise viel seines hart verdienten Geldes auszugeben.

Cialdini interessierte, wie Verkäufer das machen, besonders in Bereichen mit schwer zu verkaufenden Gütern wie beispielsweise Gebrauchtwagen. Er nahm also eine völlig neue Identität an und ging als Angestellter entsprechender Händler mehrere Jahre investigativ der Frage nach, wie man einen Menschen dazu bringt, etwas zu kaufen, dass er eigentlich nicht braucht oder sich nicht leisten kann.

Cialdini stieß dabei auf sechs Prinzipien, auf denen jede erfolgreiche Manipulation fußt. Diese müssen nicht immer alle gleichzeitig erfüllt sein, sollten aber doch zumindest teilweise ausgeprägt sein.

Gibst du mir etwas, gebe ich dir etwas

Das erste Prinzip Cialdinis besagt: *Wer erfolgreich manipulieren will, muss dem Gegenüber eine Gegenleistung anbieten.*

Dahinter steckt das psychologische Prinzip der sogenannten Reziprozität. Einfach formuliert verbirgt sich hinter diesem komplizierten Begriff die Tatsache, dass wir uns verpflichtet fühlen, einem anderen etwas zu geben, wenn dieser bereits in Vorleistung gegangen ist. Denn keiner möchte als undankbar gelten!

Um diesen Mechanismus in anderen Menschen auszulösen, müssen Sie nicht unbedingt eine Sache von großem Wert bieten. Sogar ungefragte Gaben und Informationen von geringem Wert können ausreichen, um den anderen zur Kooperation zu bewegen. Diesen Mechanismus machen sich Firmen sehr häufig zunutze. Es steckt hinter kleinen Werbegeschenken, die Sie ungefragt bekommen und hinter aufwendigen Informationspaketen oder Kundenzeitschriften, die Sie gar nicht bestellt hatten. Dennoch gewinnen Sie den Eindruck: Diese Firma hat etwas für mich getan. Wenn Sie dann ein entsprechendes Gut benötigen, werden Sie es eher bei genau dieser Firma kaufen.

Machen Sie sich dieses Wissen zunutze! Bieten Sie dem anderen etwas als Gegenleistung an und gehen Sie damit am besten in Vorleistung. Es nur zu versprechen hat nicht annähernd so viel Wirkung, wie es bereits zu tun. Und: Je weniger Sie Geschenk und eingeforderte Gegenleistung in zeitlichen Zusammenhang setzen, desto eher wird das Ganze funktionieren, ohne, dass der andere es merkt!

Wenn Sie also einen Kollegen haben, der Ihnen in der nähren Zukunft nützlich werden könnte, nehmen Sie ihm jetzt schon kleine Arbeiten ab. Wenn Sie wollen, dass Ihr Partner Ihnen bei einer in der mittleren Zukunft anstehenden Entscheidung zustimmt, schenken Sie ihm nicht dann etwas, sondern heute schon. Sonst fühlt der andere sich schnell bestochen.

Lass mich beständig wirken

Dieses Prinzip könnte man so formulieren: *Wer erfolgreich manipulieren will, muss den anderen auf die richtige Art vorbereiten.*

Jeder Mensch möchte gerne beständig und verbindlich herüberkommen. Widersprüche und gegensätzliche Aussagen sind uns ein Graus – an anderen und vor allem an uns selbst. Denn jeder möchte ein Mensch sein, auf dessen Wort man sich verlassen kann.

Das kann darin enden, dass jemand ständig das letzte Wort haben muss und unverrückbare Meinungen entwickelt. Nutzen Sie dies nicht für sich, kann es Manipulationen sehr schwierig machen – wissen Sie aber, wie Sie damit Zustimmung erzeugen, kann es ein mächtiges Manipulationstool sein!

Wie das gehen soll? Indem Sie den anderen zunächst unbemerkt auf einen *Pfad der Zustimmung* lenken. Verwickeln Sie ihn in ein Gespräch, in dem er Ihnen immer wieder überzeugt zustimmen *muss* – dann wird er es auch tun, wenn eine unbequeme Frage kommt.

Verkäufer nutzen dieses Prinzip sehr häufig. Wir alle haben es schon erlebt, dass der Verkäufer uns eine bestimmte Ware richtig „schmackhaft" macht. Dazu wird er zunächst durch vorsichtige Fragen ausloten, was Ihnen wichtig ist. Dann lässt er Sie bestätigen, dass das auch so ist. Wenn Sie richtig drin sind in diesem Fluss der Zustimmung, wird er Ihnen ein Produkt präsentieren, das Ihnen eigentlich etwas zu teuer ist, das aber perfekt zu ihren Wünschen zu passen scheint. Das Ergebnis: Sie werden lieber etwas mehr Geld ausgeben, um genau diese Ware zu kaufen. Sie wurden erfolgreich manipuliert!

Wenn es für andere gut ist, ist es auch für mich gut

Formulieren wir dieses Prinzip wie folgt: *Wer erfolgreich manipulieren will, muss zeigen, dass eine Sache schon für andere Menschen funktioniert hat.*

Wenn Sie häufig etwas online kaufen, können Sie dieses Prinzip gut an sich selbst beobachten. Nehmen wir an, Sie wollen eine bestimmte Sache im Internet kaufen. Nun finden Sie drei Produkte:

- Ein günstiges Produkt mit einem schlechten Bewertungsdurchschnitt.
- Ein mittelteures Produkt ohne Bewertungen.
- Ein teures Produkt mit einem sehr guten Bewertungsdurchschnitt.

Alle drei Produkte sehen interessant aus – für welches werden Sie sich wohl entscheiden?

Die meisten Menschen wählen das etwas teurere Produkt mit den guten Bewertungen. Einige wenige nehmen die schlechtere Qualität in Kauf und wählen das schlechtere, aber günstigere Produkt. Die Risikofreudigen wählen das Produkt ohne Bewertungen in der Hoffnung, ein gutes Produkt zu erhalten.

Noch eindeutiger wird die Sache, wenn alle drei Produkte etwa gleich viel kosten. Dann werden nahezu 100 Prozent der Menschen das Produkt mit den besten Bewertungen wählen. Dabei könnte das Produkt ohne Bewertungen sogar noch besser sein, und das Risiko ist gering, in Anbetracht der Tatsache, dass man es innerhalb von 14 Tagen umtauschen könnte. Doch wir wählen am liebsten etwas, das sich *sozial bewährt* hat.

Auch Sie können sich das zunutze machen. Dabei reicht es, wenn die soziale Bewährtheit behauptet wird (das darf dann für das Gegenüber nur nicht überprüfbar sein). Der Hinweis auf entfernte Kollegen, die ganz begeistert von einer Sache waren, unterfüttert Ihr Argument, ohne echten Nutzen liefern zu müssen.

Ich will geführt werden

Dieses Prinzip lautet etwa: *Wer erfolgreich manipulieren will, muss Autorität ausstrahlen.*

Wenn Sie über das Wort „Autorität" stolpern, dann sollten Sie unbedingt an Ihrer Einstellung dazu arbeiten! Manipulation funktioniert nur mit einer gewissen Autorität. Allerdings bedeutet das vielleicht etwas anderes, als viele sich darunter vorstellen. Die absolute Dominanz eines autoritären Elternteils, Lehrers oder Vorgesetzten ist damit nicht gemeint.

Vielmehr geht es darum, dass Sie lernen, Situationen zu führen. Menschen lassen sich erstaunlich gerne führen. Heute kann man besonders gut führen, wenn man eine *Autorität des Wissens* ausstrahlt. Machen Sie also klar, dass Sie sich gut auskennen mit dem, was Sie sagen – ohne überheblich zu wirken. Dann sind Sie einer erfolgreichen Manipulation schon ein Stück nähergekommen, denn wir alle vertrauen gerne einem, der es besser weiß als wir!

Mach dich mir sympathisch

Damit sind wir auch schon beim vorletzten Prinzip: *Wer erfolgreich manipulieren will, muss Sympathie wecken.*

Na gut, mögen Sie nun vielleicht denken, darauf hat man ja nun wenig Einfluss. Oder?

Schauen Sie sich mal erfolgreiche Politiker an. Allen gemeinsam ist, dass sie eine Form von Sympathie in den Menschen wecken. Das muss nicht das große Charisma eines Gerhard Schröder oder eines Barack Obama sein. Wenn Sie sich Donald Trump ansehen, können Sie auch sehen, wie schnell Charisma in Überheblichkeit kippen kann (und wie das für denjenigen endet). Charisma und Ausstrahlung – das kann man tatsächlich nur schwer erlernen. Schauen wir uns daher im Vergleich eine Politikerin an, die Sie vermutlich nicht mit dem Begriff des Charismas verbinden: die insgesamt vier Amtszeiten regierende Bundeskanzlerin Angela Merkel.

Angela Merkel wurde in den Anfängen ihrer Karriere häufig belächelt und nicht ernstgenommen. Je mehr sie aber die Karriereleiter nach oben stieg, desto mehr wandelte sich auch ihr Auftreten und ihr Image. Als sie dann gegen Gerhard Schröder, der zuvor beim Volk teilweise in Missgunst gefallen war, als Kanzlerkandidatin antrat, änderte sich ihr Auftreten sichtbar. Sie verkörperte dabei, im Gegensatz zum lauten, dominanten Schröder, ein deutlich leiseres Prinzip, das aber seine Wirkung nicht verfehlte und sie zur bisher erfolgreichsten Frau der deutschen Politikgeschichte machte: Sie stand für Fürsorge und Ruhe. Nicht umsonst wird sie vielen Deutschen als „Mutti der Nation“ in Erinnerung bleiben.

Angela Merkel galt vorher vielen Menschen nicht unbedingt als sympathische Hoffnungsträgerin. Beobachtet man sie heute, lassen sich Aspekte beobachten, die auch Sie nutzen können, um sympathischer auf andere zu wirken:

- Sie besitzt ein gepflegtes Äußeres, einen guten Haarschnitt und typgerechte, angenehme und standesgemäße Bekleidung.
- Sie redet ruhig und bedacht. Im Gespräch mit einem Gegenüber nimmt sie sich Zeit, zuzuhören und auf gestellte Fragen direkt zu antworten.
- Sie ist sehr höflich und lächelt an den richtigen Stellen.
- Sie besitzt eine aufrechte, Sicherheit signalisierende Körperhaltung. Sie benutzt ausladende Gesten, die Stärke und Kompetenz signalisieren.

Wollen auch Sie sympathischer auf andere wirken, achten Sie daher vor allem auf vier Bereiche: Ihre äußere Erscheinung, Ihre verbale und nonverbale Kommunikation, Ihre Körperhaltung und Ihr allgemeines Auftreten. All diese Dinge können Sie vollständig selbst beeinflussen!

Wichtig ist dabei aber auch: Bleiben Sie authentisch, bleiben Sie „Sie selbst“. Denn das wirkt besonders sympathisch.

Unter Druck sage ich eher Ja

Das letzte Prinzip Cialdinis lautet: *Wer erfolgreich manipulieren will, muss sein Angebot verknappen.*

Verknapptes Angebot klingt für Sie vielleicht eher nach Marktwirtschaft als nach zwischenmenschlicher Interaktion. Und tatsächlich lässt sich die Wirkweise dieses Prinzips wieder sehr gut anhand des Verkaufs darstellen.

Nehmen wir wieder an, Sie suchen nach einer bestimmten Ware, die Sie kaufen wollen. Sie gehen also auf die Website eines entsprechenden Fachhändlers und klicken sich durch das Angebot. Nun finden Sie zwei Produkte:

- Ein Produkt zum normalen Preis, das gut zu sein scheint,
- Ein Produkt, das perfekt für Sie zu sein scheint, und welches diese Woche genau so viel kostet wie das andere Produkt, da es im Angebotsprospekt steht.

Eigentlich wollten Sie sich ja nur informieren und später den Kauf tätigen. Wenn Sie aber so ticken, wie die meisten Menschen, wird es Ihnen schwerfallen, das Angebot einfach ziehen zu lassen! Obwohl Sie wissen, dass auch nächste Woche ein tolles Angebot locken kann, möchten Sie sich genau dieses Angebot auf keinen Fall entgehen lassen. Sie wurden schon wieder manipuliert!

Manchmal geht diese Manipulation so weit, dass Produkte in der Vorwoche im Preis hochgesetzt werden, nur um sie in der folgenden Woche als „Angebot" vermarkten zu können. Oder dass die Preisdifferenz zur unverbindlichen Preisempfehlung des Herstellers und nicht zum üblichen Händlerpreis angezeigt wird, weil dieser Rabatt dann gleich viel größer aussieht.

Man spricht hier von künstlicher Verknappung. Auch in der alltäglichen Manipulation können Sie Ihr Angebot verknappen. Machen Sie einfach klar, dass eine bestimmte Offerte nicht endlose Gültigkeit besitzt. Das motiviert den anderen, schneller (oder überhaupt) Ja zu sagen.

Wenn Manipulationen fruchtlos bleiben

Wenn Sie sich an mindestens eines der genannten Kriterien halten, wird eine Manipulation mehr Aussicht auf Erfolg haben. Doch selbst, wenn das der Fall ist, kann es immer noch schiefgehen. Abweichend von Cialdinis Prinzipien will ich daher hier noch kurz darauf eingehen, woran es liegen kann, wenn es mit dem Manipulieren nicht klappt.

Manchmal sind die Gründe für eine gescheiterte Manipulation in uns selbst zu suchen, manchmal aber auch im anderen. Allgemein liegt der Grund aber meist in zwischenmenschlichen Problemen.

Wenn Sie analysieren können, woran es gelegen haben könnte, können Sie auch versuchen, es in Zukunft besser zu machen. Oder einen erneuten Manipulationsversuch starten. Natürlich müssen Sie hier immer ein Stück weit über die Gründe spekulieren. Dennoch lohnt es sich, stets den wahrscheinlichsten Grund für das Versagen einer Manipulation zu finden.

Die folgende Tabelle soll Ihnen dabei helfen, den Ursachen für nicht geglückte Manipulationen auf den Grund zu gehen.

Grund für das Scheitern	**Erläuterung**	**Zukünftiges Vorgehen**
Gegenpart durchschaut Manipulationen	Manche Menschen durchschauen selbst subtile Manipulationen schnell und werden Sie wissen lassen, dass sie Sie durchschaut haben.	Lassen Sie die Finger davon! Bei diesem Mensch kommen Sie nur mit Ehrlichkeit weiter. Setzen Sie daher auf Sympathie.
Ihre Manipulation war zu auffällig	Was beim einen klappt, fällt beim anderen bereits negativ auf. Sie haben also die „Antennen“ des anderen unterschätzt.	Lassen Sie Zeit ins Land gehen. Nach einer Weile können Sie einen subtileren zweiten Versuch starten.

Ihre Manipulation ist schiefgegangen	Wenn Sie unehrlich sind oder mit Gefühlen wie Schuld und Scham im anderen arbeiten, kann eine Manipulation auch „nach hinten losgehen." Der andere macht dann das Gegenteil von dem, was Sie eigentlich wollten.	Hier kommt es oft zum Vertrauensbruch – fassen Sie diese Person künftig mit Samthandschuhen an.
Die andere Person lässt sich nicht führen	Das Gespräch zu führen ist äußerst wichtig. Sitzt Ihnen eine dominante Persönlichkeit gegenüber, kommen Sie vielleicht einfach nicht in die Führung.	Diese Person werden Sie nicht führen können. Versuchen Sie stattdessen, Sympathie und Augenhöhe herzustellen.
Gegenpart nicht empfänglich für Manipulationen	Manche Menschen sind wenig empfänglich für Manipulationen. Ihnen fällt gar nicht auf, dass Sie manipuliert haben – sie reagieren aber auch nicht auf Ihren Versuch.	Drehen Sie eine Stufe auf und versuchen Sie es noch einmal. Aber sachte – tasten Sie sich vorsichtig an die Schwelle des anderen heran!
Ihr Ziel ist zu hoch gesteckt	Eine Manipulation kann noch so gut sein, sie funktioniert nur, wenn der andere auch den Eindruck hat, das Geforderte geben zu können. Vielleicht wollen Sie zu viel haben.	Passen Sie Ihr Ziel und Ihre Forderungen nach unten an und versuchen Sie, zumindest diese durchzusetzen.

Was ist Suggestion?

Bevor wir uns nun konkrete Manipulationstechniken ansehen, möchten wir uns vorab noch ein bisschen mit dem Begriff der Suggestion beschäftigen. Denn dieses Buch möchte Ihnen suggestive Manipulationsmethoden aufzeigen, also solche, die das Prinzip der Suggestion nutzen. Umso besser ist es daher, wenn Sie vorher verstehen, was Suggestion überhaupt ist.

Der Begriff Suggestion stammt aus dem Lateinischen, auch wenn die genaue Begriffsherkunft nicht eindeutig geklärt ist. Dennoch ist es sehr einleuchtend, sich den Ursprung des Begriffs vor Augen zu führen. Denn es gibt zwei Wörter, auf die das Wort Suggestion zurückgehen könnte:

- *suggestio* – dieses lateinische Substantiv bedeutet so viel wie „Einflüsterung".
- *suggerere* – hierbei handelt es sich um ein lateinisches Verb, welches „unterschieben" bedeutet.

Die Bedeutung des Begriffes Suggestion, der im deutschen Sprachgebrauch erst etwa 1700 aufkam, wird dadurch bereits klarer. Suggestionen sind Einflussnahmen auf die emotionale und kognitive Erlebenswelt anderer Personen. Wir „schieben" ihnen Informationen „unter" oder „flüstern" ihnen etwas „ein".

Weiter wird die Suggestion in zwei Bereiche unterteilt: *Heterosuggestionen* wirken von einem Menschen auf einen anderen Menschen. *Autosuggestionen* bezeichnen Suggestionen, mit denen ein Mensch auf sich selbst einwirkt.

Autosuggestionen sind Ihnen sicherlich vertraut. Einige größere Trends der Persönlichkeitsentwicklung arbeiten mit Suggestionen. Dazu gehören unter anderem die sehr beliebten Affirmationen. Das sind kurze Sätze oder Satzfolgen, die wir uns immer wieder selbst vorsagen. Das Ziel soll sein, dass wir letztlich wirklich an das Gesagte glauben. Wenn wir uns also hässlich finden, könnte „Ich bin schön" eine Autosuggestion sein. Wiederholen wir sie oft genug, sollen wir irgendwann wirklich daran glauben können.

Auch Meditationen und Fantasiereisen sind eine Form von Suggestion. Denn wenn Sie sich sagen, dass Ihr Arm warm und schwer wird und es sich dann wirklich so anfühlt, haben Sie nichts anderes getan, als Ihre eigene Wahrnehmung durch eine Form von suggestiver Eigenmanipulation zu verändern. Das ist beim beliebten autogenen Training der Fall. Auch viele andere Entspannungstechniken fallen in den Bereich der Autosuggestion.

Was wir aber zum Manipulieren anderer Menschen brauchen sind natürlich die Heterosuggestionen!

Zusammenfassend können wir sagen: Suggestion ist die Beeinflussung des Fühlens und Denkens eines anderen Menschen. Wollen wir ihn damit in eine bestimmte Richtung beeinflussen, wird schnell eine Manipulation daraus.

Elemente einer erfolgreichen Suggestion

Suggestionen können nur erfolgreich wirken, wenn gewisse Grundvoraussetzungen gegeben sind. Diese sind sowohl auf Empfänger- als auch auf Senderseite zu erfüllen. Das bedeutet:

Suggestionen funktionieren zwischen verschiedenen Menschen verschieden gut.

Die beiden Elemente, die es für erfolgreiche Suggestion braucht, nennen sich *Suggestibilität* und *Suggestivkraft.*

Suggestibilität muss in ausreichend hohem Maße in Ihrem Gegenüber vorhanden sein. In der Psychologie versteht man darunter den individuellen Grad der Empfänglichkeit für Suggestionen. Das bezieht sich sowohl auf Hetero- als auch auf Autosuggestionen.

Denn wir sind nicht alle gleich empfänglich für Suggestionen. Auch wenn Ihnen der Begriff der Suggestibilität vielleicht bisher noch nicht begegnet ist, werden Sie, wie die meisten Menschen, ein gewisses Gespür für die Suggestibilität anderer besitzen.

Besitzt ein Mensch nur wenig Suggestibilität, so werden wir den Eindruck gewinnen, dass man ihm „kein X für ein U vormachen" kann. Wir nehmen diese Menschen als schwer zu täuschen oder hinters Licht zu führen wahr. Jeder noch so kleine Manipulationsversuch wird von Ihnen entweder sofort erkannt und offen angesprochen oder einfach ignoriert.

Menschen mit hoher Suggestibilität hingegen kommen uns naiv vor. Sie „kaufen die Katze im Sack" und merken es vielleicht nicht einmal. Dass es viele Sprichwörter gibt, welche die individuelle Suggestibilität einer Person beschreiben, ist recht aussagekräftig dafür, wie hoch wir unbewusst den Stellenwert dieser Eigenschaft einschätzen!

Kinder haben noch eine hohe Suggestibilität. Je älter wir werden, desto mehr nimmt die Suggestibilität aber ab. Das erklärt, warum junge Erwachsene beispielsweise empfänglicher für Werbung sind als ältere Menschen.

Auf Ihrer Seite braucht es die zweite Komponente einer erfolgreichen Suggestion: die sogenannte Suggestivkraft. Diesen Begriff haben Sie sicherlich schon einmal gehört. Im Prinzip versteht man darunter einfach das Potenzial Ihrer Suggestionen, wie sehr diese also imstande sind, eine andere Person erfolgreich zu beeinflussen.

Suggestivkraft einer Aussage und Suggestibilität der zuhörenden Person sollten immer individuell zueinanderpassen. Desto eher wird eine Suggestion Erfolg haben.

Besitzt der andere Mensch eine hohe Suggestibilität, so können Sie nicht nur mit den offensichtlichsten Manipulationen „durchkommen", sondern auch erfolgreich damit sein. Ein Mensch mit niedriger Suggestibilität hingegen kann eine schwer zu knackende Nuss sein, denn er bemerkt selbst subtilste Manipulationsversuche und geht im schlimmsten Fall selbst darauf nicht ein.

Versuchen Sie daher immer, zunächst die Suggestibilität einer Person einzuschätzen. Orientieren Sie sich, wenn Sie schnell entscheiden müssen, am Alter: Bis etwa 30 sind Menschen noch recht leicht suggestiv zu beeinflussen. Danach müssen Sie mit steigendem Alter immer vorsichtiger vorgehen.

EXKLUSIVER BONUS

HÖRBUCH GRATIS ERHALTEN

Das 1x1 der Manipulation

Halten Sie Ihre Handykamera einfach auf den QR Code
und kommen Sie so zu dem Gratis-Download:

QR-Code mit Kamera scannen und
GRATIS Bonus erhalten:

Suggestive Manipulationstechniken aus dem NLP

Mit diesem Wissen zu Körpersprache und Theorie der Manipulation wollen wir uns aber nun wirklich mit praktischen Manipulationstechniken auseinandersetzen!

Wie Sie bereits gelernt haben, können Manipulationen auch schiefgehen. Sie sollten daher nie zu auffällig oder übergriffig sein. Je subtiler die Manipulation, desto eher wird sie unbemerkt wirken können.

Subtil bedeutet leider oft auch: nicht kraftvoll. Um dieses Problem zu lösen, möchte ich Ihnen vor allem sogenannte suggestive Manipulationstechniken zeigen. Was versteht man darunter?

Vereinfacht gesagt beschreibt Suggestion die Fähigkeiten, einen anderen Menschen über sprachliche oder körpersprachliche Äußerungen dazu zu bewegen, sich auf eine bestimmte Art zu verhalten. Wir ermuntern ihn im Prinzip, etwas zu tun. Da das Ganze unbewusst abläuft (zumindest für den anderen) hinterfragt unser Gegenüber gar nicht, ob es auch gut wäre, das zu tun. Wir können quasi in sein Unterbewusstsein eindringen und ihm direkt Befehle geben oder doch zumindest Vorschläge machen.

Dazu werden wir uns Manipulationstechniken des sogenannten Neuro-Linguistischen Programmierens bedienen, kurz NLP. NLP ist eine in der Psychologie weit verbreitete Technik.

Die drei Anteile des Begriffs zeigen Ihnen sehr gut, worum es bei NLP geht:

N – Neuro: Das Nervensystem, die Psyche oder das Verhalten eines anderen…

L – Linguistisch: …mit Sprache oder Kommunikation…

P – Programmieren: …umprogrammieren.

Tatsächlich ist das Ziel dieser Techniken also, nur auf dem Wege der Kommunikation das Verhalten anderer Menschen neu zu programmieren!

Das mag kompliziert klingen, tatsächlich aber kann NLP relativ leicht erlernt werden. Dank NLP können Sie direkt mit dem Unterbewusstsein anderer Menschen kommunizieren und sie steuern. Dem sind natürlich Grenzen gesetzt, dennoch ist mit NLP eine sehr weitreichende Manipulation Ihres Gegenübers möglich, vor allem, wenn Sie die Techniken unter Beachtung der oben erläuterten Manipulationsprinzipien anwenden.

Geben Sie dem Gespräch einen Rahmen

Erinnern Sie sich noch, dass eine der wichtigsten Voraussetzungen erfolgreicher Manipulation ist, dass Sie das Gespräch stets führen?

Die NLP-Technik des sogenannten Framings hilft Ihnen dabei, von Anfang an die Führung in Gesprächen zu übernehmen! Dabei geht es tatsächlich darum, den Rahmen des Gesprächs selbst bewusst festzulegen.

Wie geschieht das? Dazu müssen Sie zunächst nachvollziehen, was ein Gesprächsrahmen genau ist. Wir verwenden den Begriff im allgemeinen Sprachgebrauch vor allem für Gespräche im besonderen Rahmen, wie Kundengespräche, Bewerbungsgespräche, Feedbackgespräche, etc. Allerdings geben wir *jedem* unserer Gespräche unbewusst einen Rahmen. Framing bedeutet, es nun bewusst zu tun.

Der Rahmen bezeichnet den größeren Zusammenhang des Gesprächs, der beteiligten Personen und des Gesagten. Erst durch den Rahmen erhält ein Gespräch eine emotionale Bedeutung für uns.

Der Rahmen des Gesprächs bestimmt, ob das, was wir sagen oder hören, passend oder deplatziert, sinnvoll oder sinnlos klingt.

Schauen wir uns das einmal anhand von Beispielen an:

Der Rahmen des Gesprächs wird durch verschiedene Aspekte gebildet. Das kann der Ort, die Situation, die Gesprächspartner oder die Sachebene des Gesprächs sein.

Ein und derselbe Satz kann an verschiedenen *Orten* angemessen oder unangemessen wirken. Fährt ihr Partner 200 Kilometer pro Stunde auf der Autobahn, ist „Ich fühle mich nicht sicher“ völlig legitim. Bei 30 Kilometern pro Stunde in der verkehrsberuhigten Zone eher nicht.

Ebenso ist es mit der *Situation*. Sprechen Sie mit Ihrem Partner über ihre intimsten Wünsche, so ist „Ich will noch ein

Kind“ sicherlich ein schönes Geständnis. Im Bewerbungsgespräch hingegen wird es Ihnen keine Pluspunkte einbringen!

Einen immer zu beachtenden Rahmen bilden die *Gesprächspartner*. Ein „Ich liebe dich“ ist zwischen frisch Verliebten anders aufgeladen als nach einer zehnjährigen Ehe.

All diese Aspekte können Sie nicht wirklich beeinflussen. Situation, Ort und Beteiligte eines Gespräches sind meist nur bedingt veränderbar. Diese Aspekte sollten Sie also im Blick haben, da sie Ihnen feste Rahmenbedingungen für Ihre Manipulationen vorgeben.

Der Rahmen, auf den Sie Einfluss nehmen können, ist der der *Sachebene*. Dabei geht es um die Frage, wie sachlich oder unsachlich gerade gesprochen wird. Sprechen Sie über Dinge, die überprüfbar und objektiv vorhanden sind, so bewegen Sie sich einem sehr sachlichen Rahmen. Ein Gespräch kann sich aber auch in „unsachlichen“ Rahmen bewegen, zum Beispiel beim Gespräch über Gefühle, Vermutungen oder Vorstellungen.

Im NLP können Sie nun versuchen, diesen sachlichen Rahmen zu setzen. Für Manipulationen sollten Sie sich meist vom sachlichen Rahmen weg hin zu einem Rahmen der Vorstellungen bewegen. Sie wollen den anderen ja dazu bekommen, etwas umzusetzen, das aktuell noch nicht da ist. Dazu müssen Sie ihn erstmal anregen, darüber nachzudenken, wie es wäre, wenn diese Sache da wäre. Man nennt dies im NLP den Als-Ob-Rahmen – man tut, als sei eine Sache schon da. Das weckt im anderen die Lust, diese Sache auch wirklich zu bekommen.

Im NLP werden mehrere Unterrahmen des Als-Ob-Rahmens definiert. Diese können eine Orientierungshilfe für Sie darstellen. Mögliche Rahmen sind:

- **Rahmen der Fähigkeiten:** Hier bringen Sie den anderen dazu, darüber nachzudenken, wie es wäre, eine bestimmte Sache zu können, die er aber erst noch lernen müsste. Also zum Beispiel: „Wenn du gut vor Leuten reden könntest, was würdest du daraus machen?"
- **Rahmen der möglichen Lösung:** Hier animieren Sie den anderen dazu, eine Lösung für ein schwieriges Problem zu finden. Typischerweise leiten Sie diesen Rahmen ein mit „Stell dir vor, es gäbe eine Lösung für dieses Problem. Wie würde sie aussehen?"
- **Rahmen der Mittel:** Dieser schließt sich häufig an den Rahmen der möglichen Lösung an. Der andere wird dadurch dazu gebracht, zu überlegen, wie eine scheinbar unmögliche Sache umgesetzt werden kann und vor allem, was es dazu bräuchte. „Wenn du das umsetzen wollen würdest, was würdest du dafür benötigen?"
- **Rahmen der Möglichkeit:** Dieser ist dem Rahmen der möglichen Lösung sehr ähnlich, allerdings geben Sie dabei ein Stück der Lösung bereits vor. Dieser Rahmen kann damit sehr manipulativ sein! Meistens wird dieser Rahmen formuliert im Muster „Stell dir vor…was würdest du dann machen?" Am besten funktioniert das, wenn Sie *positive* Szenarien durchspielen. Will Ihr Kind beispielsweise das Studium abbrechen, ist „Stell dir vor, du wärst jetzt schon fertig mit deinem Studium, was würdest du dann machen?" sehr viel erfolgreicher als „Stell dir vor, du brichst ab und wirst arbeitslos, was würdest du dann machen?"

- **Rahmen des Ortes:** Hier geht es meist darum, den anderen davon zu überzeugen, an einen bestimmten Ort zu gehen oder dort zu bleiben. Sie müssen nur einen schlagenden Vorteil des Ortes formulieren. Im obigen Beispiel könnten Sie zum Beispiel sagen: „Wo sonst könntest du jedes Wochenende feiern, wenn nicht an der Uni?"
- **Rahmen der Person:** Bringen Sie den anderen dazu, sich in eine positiv konnotierte Person zu versetzen. Das stärkt die positive Selbstwahrnehmung. Bleiben wir beim Kind, das nicht weiter studieren will. Sie wissen, dass dieses Kind Elon Musk verehrt. Fragen Sie also: „Was würde Elon Musk tun? Meinst du, er würde einfach hinschmeißen?"
- **Rahmen der Relevanz:** Hier versuchen Sie, den anderen dazu zu bewegen, sich aktiv mit den Vorteilen einer Sache auseinanderzusetzen. Dieser Rahmen wird meist mit „Warum könnte das wichtig für dich sein?" oder „Was wären deine Vorteile dabei?" eingeleitet.
- **Rahmen des Wunders:** Dieser Rahmen ist besonders hilfreich, wenn eine Person sehr verzweifelt wirkt, Sie sie aber in eine bestimmte Richtung lenken wollen. Sie nutzen dabei magische Elemente, um dem Gespräch einen hochgradig spekulativen Rahmen zu geben. Diese Art der Argumentation spricht besonders das Kind in uns an und kann daher sehr viel erfolgreicher sein, als Sie auf den ersten Blick vielleicht denken mögen. Bleiben wir wieder beim Beispiel des drohenden Studienabbruchs, könnten Sie diesen Rahmen einleiten wie folgt: „Stell dir mal vor, du könntest in eine Kristallkugel sehen und wüsstest heute schon, dass du dein Studium, wenn du

weitermachst, in zwei Jahren mit Auszeichnung abschließen wirst. Würdest du dann trotzdem aufhören wollen?“

- **Rahmen der Zeit:** Auch hier werden Sie hoch spekulativ, allerdings gehen Sie in die Zukunft. Gleichzeitig geht es bei diesem Rahmen um die Gefühle des anderen. Meistens wird er in diesem Schema formuliert: „Wenn du in…Jahren auf den heutigen Tag zurückschaust, wie wirst du dann darüber denken?“
- **Rahmen der Information:** Hier wird es sehr spannend. Sie suggerieren dem anderen, dass es rein theoretisch möglich wäre, mehr zu wissen, als er tatsächlich weiß. Das allein versetzt ihn in die Lage, andere Entscheidungen zu treffen! Der Rahmen wird meist eingeleitet durch: „Stell dir vor, du wüsstest alles über diese Sache. Was würdest du dann tun?“

Ändern Sie den Rahmen der anderen Person

Nicht nur ein Gespräch, auch eine Person bewegt sich in gewissen inneren „Rahmen“. Im NLP geht man davon aus, dass auch dieser innere Rahmen einer Person von außen geändert werden kann. Hier wird es also schon ein ganzes Stück manipulativer als zuvor! Diese Technik nennt man korrekt Re-Framing.

Sie müssen aber die Idee dahinter begreifen, um andere Personen zielsicher zu re-framen.

Im Prinzip besteht der Rahmen einer Person aus nichts anderem als ihren persönlichen Bewertungen der Welt. Man könnte sagen, er ist die Brille oder der Filter, durch den sie die Welt betrachtet. Je nachdem, ob dieser Filter optimistisch oder pessimistisch ist, sieht die Person die Welt eher gut oder eher schlecht.

Wenn Sie es schaffen, der anderen Person einen neuen Rahmen zu setzen, dann kann das sehr manipulativ sein. Denn Sie bringen andere, wenn Sie geschickt sind, dazu, Dinge zu tun, die der Person andernfalls nie in den Sinn gekommen wären.

Das Re-Framing bietet sich besonders an, wenn eine Person mit Ihnen nicht übereinstimmt und Sie diese Tatsache verändern möchten. Sie müssen der anderen Person aber ein kohärentes alternatives Verhalten ans Herz legen! Das Gefühl der Kohärenz entsteht, wenn unser Verhalten zur Situation passt, eine zu unseren Zielen und der Situation passende Absicht verfolgt und das Ergebnis unseres Verhaltens uns gefällt. Beim Re-Framing können Sie daher auf zwei Arten arbeiten:

- Sie suggerieren dem anderen, sein Verhalten sei völlig kohärent, obwohl er das nicht so empfindet; das wenden Sie an, wenn eine Person etwas ändern will, Sie diese Sache aber so beibehalten wollen.
- Sie suggerieren dem anderen, sein Verhalten sei inkohärent und bedürfe daher einer Anpassung; das wenden Sie an, wenn eine Person sich nicht ändern will, Sie aber wollen, dass sie sich anders verhält.

Dazu stehen Ihnen vier verschiedene Techniken zur Verfügung:

- Sie suggerieren der anderen Person, dass in der aktuellen Situation ein anderes Verhalten angemessener oder fruchtbarer wäre. Sie vermitteln der Person damit das Gefühl, nicht kohärent zu sein. Gleichzeitig präsentieren

Sie ihr ein Verhalten, das angeblich passender wäre. Beispiel: *Überleg mal, wie viel besser deine Noten wären, wenn du nur eine halbe Stunde mehr am Tag lernen würdest!*

- Sie suggerieren der anderen Person, dass ein Verhalten, das diese Person als schlecht bewertet, eigentlich gut ist. Sie vermitteln ihr also das Gefühl, die eigenen grundsätzlich richtigen Handlungen falsch einzuschätzen. Beispiel: *Ich weiß, du denkst, zusätzliches Lernen wäre Zeitverschwendung, aber andererseits müsstest du dann weniger im Haushalt helfen und würdest dabei noch etwas für deine Noten tun!*
- Sie suggerieren der anderen Person, dass ein Verhalten, das diese ändern will, eigentlich positive Effekte für sie hat. Sie geben ihr also das Gefühl, doch kohärent zu handeln, es nur nicht zu wissen. Beispiel: *Du nimmst dir nicht genug Zeit, zu lernen, und meinst deshalb, du packst dein Studium nicht? Das ist doch eigentlich super! Das heißt doch: Du musst dir nur etwas mehr Zeit zum Lernen nehmen, dann schaffst du das Studium locker!*
- Sie suggerieren der anderen Person, die von ihr als negativ empfundenen Effekte ihres eigenen Handelns seien in Wirklichkeit eine gute Sache. Sie geben ihr damit das Gefühl, eigentlich kohärent zu handeln, die Situation nur nicht richtig zu bewerten. Beispiel: *Du befindest dich in einer Zwickmühle, weil du dein Studienfach nicht so magst? Das ist doch aber voll in Ordnung! Keiner mag seinen Job zu 100 Prozent. Du siehst das Ganze einfach jetzt schon realistisch.*

Tunen Sie sich auf die Frequenz des anderen ein

Wir haben uns in den ersten Kapiteln dieses Buches bereits intensiv mit dem Thema Körpersprache auseinandergesetzt. Sie haben dort gelernt, wie Sie Körpersprache für Ihre Ziele nutzen können. Zudem habe ich Ihnen eine ganze Reihe körpersprachlicher Signale und deren Bedeutung gezeigt, die nahezu universelle Gültigkeit besitzen.

Sie haben aber auch gelernt, dass Körpersprache, je nach Situation und persönlichen Voraussetzungen der beteiligten Personen, abweichen kann. Um die dadurch entstehenden Probleme geschickt zu umschiffen, sollten Sie sich neben der klassischen Theorie zur Körpersprache auch mit den Ansätzen des NLP zum Thema Körpersprache auseinandersetzen.

In der NLP gehen wir davon aus, dass Körpersprache zu einem großen Teil auch individuell ist. Es gilt also nicht nur, universell geltende körpersprachliche Signale zu kennen und zielsicher zu erkennen, sondern auch, zu verstehen, wie Sie die individuelle Körpersprache eines einzelnen Menschen erlernen können.

An sich ist das Vorgehen dabei relativ einfach: Sie beobachten die entsprechende Person eine Weile. Dabei achten Sie vor allem darauf, welche körpersprachlichen Signale die Person in welchen Situationen aussendet. Setzen Sie sie auch in Verhältnis zu dem, was die Person sagt.

Mit der Zeit werden Sie so ein Gefühl dafür bekommen, welche nonverbale Kommunikation diese individuelle Person beispielsweise zeigt, wenn sie sich sicher oder unsicher fühlt, wenn sie gelangweilt oder interessiert ist, und so weiter.

Das hat natürlich den Nachteil, dass diese Methode der Arbeit mit Körpersprache eine gewisse Vorbereitung braucht. Wobei auch das nur relativ ist: Entertainer, die angeblich Gedanken lesen können, arbeiten beispielsweise meist mit dieser Technik. Sie haben dafür lediglich ein besonders großes Gespür (und dieses vermutlich über viele Jahre stark trainiert), sodass ihnen das Auslesen der jeweiligen Person nach wenigen Minuten relativ zielsicher gelingt.

In Ihrer persönlichen Praxis eignet sich diese Technik wahrscheinlich eher im Umgang mit Personen, mit denen Sie häufig und regelmäßig zu tun haben. Üben Sie zunächst an Personen, deren individuelle Körpersprache Ihnen bereits vertraut ist. Unseren Partner beispielsweise können wir zum Teil meist schon individuell „auslesen“. Auch in Gesellschaft wissen wir dann, dass es ihm insgeheim nicht gutgeht – weil wir unbewusst gelernt haben, seine individuelle Körpersprache korrekt auszulesen. Das können Sie auch bewusst lernen.

Dieser Vorgang, der im NLP auch „Kalibrieren“ genannt wird, ist eigentlich nie „abgeschlossen“. Die Körpersprache einer Person verändert sich mit der Zeit. Bedenken Sie auch, dass jede Person viele tausend körpersprachliche Signale kennt. Sie werden niemals alle kennen und zuordnen können. Wenn Sie das Kalibrieren aber als dauerhaften Lernprozess auffassen, kann es Ihnen gelingen, Schlüsselpersonen Ihres Lebens viel besser zu verstehen und damit auch zu lenken.

Denn wenn Sie wissen, was im anderen vorgeht, fällt es Ihnen auch leichter, ihm genau im richten Moment die richtigen Suggestionen zu setzen!

Schaffen Sie Vertrautheit

Je vertrauter Sie mit einer Person sind, desto eher werden Sie auch deren Ratschläge annehmen. Je vertrauter wir mit einer Person sind, desto eher sind wir auch für deren Manipulationen empfänglich. Denn das Wort einer nahestehenden Person wiegt viel schwerer als das eines Fremden!

Doch auch ein Gefühl von Vertrautheit kann suggeriert werden, ohne wirklich da zu sein. Ich möchte Ihnen daher hier einige Methoden aus dem NLP zeigen, die sich dazu eignen, auch wildfremden Menschen innerhalb weniger Minuten das Gefühl zu geben, Sie würden sie schon lange kennen und gut verstehen. So entsteht sehr schnell Vertrautheit und damit eine größere Bereitschaft des anderen, sich von Ihnen manipulieren zu lassen.

Das funktioniert nicht nur mit fremden Menschen. Auch mit Menschen, die Ihnen bereits vertraut sind, können Sie diese Techniken anwenden. Es wird das Gefühl der Vertrautheit beim anderen noch verstärken, vor allem in bestimmten Momenten. Das kann helfen, den anderen ideal für eine kommende Manipulation vorzubereiten.

Wir simulieren dabei einen Prozess, den Menschen natürlicherweise und wieder unbewusst durchmachen, wenn sie sich sympathisch sind: Sie gleichen ihre Körpersprache aneinander an. Durch diese angeglichene Körpersprache kann ein großes Gefühl der Vertrautheit entstehen.

Es gibt vier grundlegend verschiedene Arten, diese Angleichung der Körpersprache herzustellen.

1. Sie spiegeln die Körpersprache des anderen unmittelbar.

Dies ist die einfachste Form der Angleichung, kann aber auch am ehesten negativ auffallen. Denn: Wenn der andere merkt, dass Sie seine Körpersprache nachahmen, kann das gegenteilige Gefühle von dem auslösen, was Sie eigentlich vorhatten. Dann wird die Person sich nachgeahmt, nachgeäfft oder einfach unangenehm berührt fühlen.

Wenn Sie Körpersprache unmittelbar spiegeln, sollten Sie daher sehr subtile körpersprachliche Signale auswählen. Vermeiden Sie es, einfach die Geste eines anderen direkt zu wiederholen. Geeignete körpersprachliche Signale für die direkte Wiederholung sind:

- der Atemrhythmus,
- die allgemeine Körperhaltung,
- Lächeln oder Lachen.

All diese Dinge können Sie meist direkt spiegeln, ohne, dass der andere dies unangenehm bemerken wird. Dennoch können Sie darüber besondere Vertrautheit aufbauen. Gerade das Angleichen der Atemfrequenz kann ungeahnte Effekte haben!

2. Sie spiegeln die Körpersprache des anderen zeitversetzt.

Das Wiederholen auffälligerer Signale kann hingegen gut funktionieren, wenn es zeitversetzt erfolgt. Macht der andere beispielsweise eine bestimmte Geste beim Sprechen, merken Sie sich diese. Warten Sie dann einige Minuten ab und bauen Sie dieselbe Geste danach selbst in Ihre Körpersprache ein.

Der andere wird durch das Fehlen einer direkten zeitlichen Abfolge nicht merken, dass Sie ihn spiegeln. Denn er selbst achtet vermutlich kaum auf seine Körpersprache und hat dann schon lange wieder vergessen, dass er diese Geste vor einigen Minuten selbst gemacht hat.

Dennoch registriert sein Gehirn, dass Sie Gesten machen, die er selbst gerne anwendet. Das vermittelt ihm den Eindruck, Sie seine irgendwie „aus demselben Holz geschnitzt". Sie bauen damit also ein Gefühl von Ähnlichkeit auf, selbst dann, wenn Sie nichts mit dieser Person gemeinsam haben!

3. Sie spiegeln die Körpersprache des anderen über Kreuz.

Mit Spiegeln über Kreuz ist gemeint, dass Sie ein bestimmtes Signal zwar direkt spiegeln, dafür aber eine andere körpersprachliche Ebene verwenden als die gespiegelte Person.

Das funktioniert besonders gut, indem Sie die Geschwindigkeit bestimmter Signale des anderen spiegeln. Zum Beispiel können Sie seine Sprachgeschwindigkeit in Ihrer Atemfrequenz spiegeln oder andersherum.

Daneben gibt es weitere Möglichkeiten, den anderen zu spiegeln. Das Spiegeln der Körpersprache ist nur ein erster Schritt. Im weiteren Verlauf sollten Sie mehr Gemeinsamkeiten zwischen sich und dem anderen schaffen. Denn je mehr dieser Gemeinsamkeiten Sie finden (oder erfinden), desto vertrauter wird die andere Person sich Ihnen fühlen.

Gängig ist auch das **Angleichen des Sprachmusters**. Sie können die Sprache des anderen bezogen auf bestimmte

Schlüsselworte, die Sprachmelodie oder Betonung hin untersuchen. Versuchen Sie dann, diese Aspekte zu spiegeln (das kann wiederum unmittelbar oder zeitversetzt geschehen).

Eine weitere Ebene, auf der Sie Vertrautheit herstellen können, ist die der **materiellen Güter**. Das geht zwar meist nicht direkt, kann aber im langfristigen Kontakt mit einer anderen Person recht einfach eingesetzt werden.

Als besonders wirksam hat sich hier die Spiegelung der Kleidung des anderen erwiesen. Achten Sie darauf, welchen Kleidungsstil der andere pflegt, welche Kleidungsstücke er besonders gerne trägt und welche Farben er bevorzugt. Versuchen Sie dann, passende Elemente in Ihre eigene Kleidung einfließen zu lassen. Sie können auch beispielsweise die Farbe des Autos oder der Wand im Büro Ihres Chefs spiegeln.

Besonders bietet sich das an, wenn schwierige Gespräche anstehen. Wenn Sie also in die Verhandlung über eine Gehaltssteigerung gehen, kann so eine Taktik besonders erfolgreich sein. Achten Sie aber auch darauf, sich immer angemessen zu kleiden und Sie selbst zu bleiben. Authentizität ist auch beim Spiegeln der Kleidung wichtig. Tragen Sie also nicht den schnittgleichen, sehr teuren Anzug wie Ihr Vorgesetzter. Tragen Sie aber gerne beim Gespräch eine blaue Krawatte, wenn Sie wissen, dass Ihr Vorgesetzter viele Gegenstände in diesem Blau besitzt.

Ein letztes Feld, auf dem Sie spiegeln können, ist das der **thematischen Inhalte**.

Dabei versuchen Sie, Gemeinsamkeiten auf verschiedenen Ebenen herauszustellen. Dies können sein:

Gemeinsame Fähigkeiten und Interessen: Stellen Sie heraus, ob Sie gemeinsame Hobbies haben, ob Sie dasselbe Urlaubsland lieben, etc. Bleiben Sie aber ehrlich und finden Sie eine real vorhandene Gemeinsamkeit. Denn dass Sie sich mit einer Sache eigentlich gar nicht auskennen, kann schnell auffallen. Dann geht die Taktik nach hinten los.

Gemeinsame Werte und Gefühle: Dieser Bereich ist weniger leicht für den anderen überprüfbar. Stellen Sie heraus, dass Sie dieselben ethischen Vorstellungen, Ziele und Emotionen hegen. Ist der andere beispielsweise glücklich über eine Sache, suggerieren Sie ihm, dass es Ihnen genauso geht.

Punkte, mit denen Sie sich gemeinsam identifizieren können: Hier geht es darum, zu zeigen, wo Sie sich auf Augenhöhe mit der anderen Person befinden. Sie könnten zum Beispiel herausstellen, dass Sie im Unternehmen auf der gleichen Hierarchieebene stehen oder dass Sie das gleiche Fach studiert haben.

Gemeinsame Bekannte oder Zugehörigkeiten: Können wir Gemeinsamkeiten in Sachen Zugehörigkeit zu bestimmten Gruppen herausstellen, so wird dies besonders große Sympathien wecken können. Gemeinsame Freunde oder Bekannte sind hier ein Klassiker, allerdings können Sie hier auch nichts „erfinden", was eigentlich nicht da ist. Genau so können Sie aber auch die Zugehörigkeit zu größeren Gruppen wie Religionsgemeinschaften herausstellen. Selbst ein gemeinsamer Fußballverein, dessen Fan Sie beide sind, kann unheimlich verbinden!

Körpersprachliche Suggestionen

Sie können den Spieß aber auch umdrehen, was hoch suggestiv sein kann. Sie können also nicht nur den anderen nachahmen, sondern ihn durch geschickte Körpersprache auch dazu bringen, Sie nachzuahmen.

Dazu sollten Sie den anderen zunächst spiegeln. Nach einiger Zeit, wenn ein Gefühl von Vertrautheit aufgekommen ist, setzen Sie ein abweichendes körpersprachliches Signal, welches den anderen dazu animiert, es Ihnen gleichzutun. Da unsere Körpersprache große Auswirkungen auf unsere Emotionen und Handlungen haben kann, kann diese Technik sehr kraftvoll für Manipulationen sein.

Besonders gut funktioniert dieser Mechanismus, um eine niedergedrückte Person neu zu motivieren. Dazu müssen Sie diese Person dazu bringen, ihre Körperhaltung zu verändern.

Da Sie sich das vielleicht nur schwer vorstellen können, wollen wir es einmal an einem Beispiel durchspielen. Gehen wir daher zurück zum Beispiel vom Kind, das nicht weiterstudieren möchte.

Nehmen wir also an, Sie haben einen Sohn, der in einem fortgeschrittenen Fachsemester studiert. Bisher hat das Studium problemlos geklappt und Ihr Sohn hatte stets gute Noten. Nun aber hat er einen emotionalen Tiefpunkt erreicht und will sich vielleicht anders entscheiden und das Studium abbrechen.

Sie wollen das natürlich nicht, denn Sie sehen, wie wichtig es für Ihren Sohn wäre, das Studium durchzuziehen. Sie wollen ihn also dazu ermuntern, es noch ein weiteres Semester zu versuchen und dann neu zu entscheiden.

Ihr Sohn sitzt Ihnen gegenüber. Welche Körperhaltung wird er haben, wenn er Ihnen erzählt, dass er vorhat, sein Studium abzubrechen?

Vermutlich ist er angespannt und sitzt mit vorgebeugten, hängenden Schultern da. Er versteckt seine Handinnenflächen, was Ihnen verrät, dass er Ihnen nicht alles erzählt. Sie wollen ihn also nicht nur dazu ermuntern, es noch weiter zu versuchen, sondern auch dazu bringen, dass er Ihnen das erzählt, was er zu verheimlichen versucht.

Dazu spiegeln Sie nun zunächst das Verhalten Ihres Sohnes: Beobachten Sie seine Körperhaltung, die Haltung seiner Hände und seine Atemfrequenz. Gehen Sie auf seine Ebene und spiegeln Sie ihm diese Aspekte unweigerlich.

Es braucht eine kleine Weile, in der Sie diese Signale spiegeln, bevor Sie Ihren Impuls setzen können. Sie hören Ihrem Sohn also zunächst gut zu und geben ihm damit das Gefühl, dass Sie mit ihm fühlen und versuchen wollen, nachzuvollziehen, was ihn bewegt.

Dann ist es an Ihnen, etwas zu sagen. Jetzt richten Sie sich auf, öffnen Sie Ihre eigenen Hände und atmen Sie ruhiger als Ihr Sohn. Wenn es funktioniert hat, wird er es Ihnen unbemerkt gleichtun. Damit versetzen Sie ihn eine körperliche Verfassung, in der eher als zuvor bereit ist, frohen Mutes in seine Zukunft zu blicken und sich ihnen weiter zu öffnen. Nun können Sie Ihre Gedanken ideal anbringen, und er wird dafür empfänglicher sein, als wenn Sie einfach drauflosgeredet hätten.

Paraphrasieren Sie

Das Paraphrasieren kennen Sie vermutlich, sofern Sie sich schon einmal näher mit Gesprächstechniken auseinandergesetzt haben. Unter Paraphrasieren verstehen wir im Prinzip das Wiederholen dessen, was ein anderer bereits gesagt hat.

Diese Wiederholung kann verschiedene Wirkungen entfalten. Sie können Sie durchaus auch suggestiv einsetzen.

Es gibt vier verschiedene Paraphrasier-Techniken, die verschiedene Ziele verfolgen. Sie werden, wenn Sie diese Techniken erlernen, merken, wie sensibel die Formulierung ist, die Sie zum Manipulieren wählen. Denn schon leicht veränderte Formulierungen können sehr unterschiedliche Wirkungen im anderen entfachen.

Paraphrasieren – Technik Nr. 1: Das wortgenaue Wiederholen

Hierunter versteht man das Paraphrasieren *so nah wie möglich* an der ursprünglichen Aussage des anderen. Natürlich dürfen und sollen Sie das Gesagte nicht eins zu eins wortgleich wiedergeben, sondern in einen sinnvollen Satz verpacken. Dennoch ist hier explizit das Ziel, wichtige Schlüsselworte und Formulierungen des anderen wortgleich zu wiederholen.

Diese Technik des Paraphrasierens kann folgende Manipulationsziele umsetzen:

- Der andere gewinnt den Eindruck, dass Sie ihm wirklich zuhören und sich, in der Folge, auch wirklich für ihn interessieren.

- Sie erschaffen damit ein Gefühl der Vertrautheit und des Vertrauens untereinander. Vor allem gewinnt der andere den Eindruck, er könne Ihnen vertrauen und sich Ihnen weiter öffnen.
- Sie können den anderen damit dazu bringen, über etwas nochmals nachzudenken, obwohl er das sonst vielleicht nicht getan hätte.

Damit darf diese Paraphrasier-Technik als „sanfter Einstieg" gelten. Sie eignet sich ideal in Situationen, in denen der andere auf weitere Suggestionen gedanklich bereits vorbereitet werden soll oder um bei ihm ein überdurchschnittliches Gefühl von Vertrauen zu wecken.

Damit Sie sich mehr unter dem Paraphrasieren vorstellen können, will ich es Ihnen jeweils an kurzen Beispielen näherbringen.

Hierzu stellen wir uns zwei verschiedene Situationen vor.

Situation 1 ist wieder die oben beschriebene mit Ihrem Sohn, der sein Studium abbrechen will.

Ihr Sohn sagt nun also: „Das Fach macht mir überhaupt keinen Spaß mehr und ich glaube, dass ich das Studium abbrechen möchte."

Wenn Sie nun entsprechend Technik 1 paraphrasieren, sagen Sie: „Verstehe ich dich richtig, dein Studienfach macht dir **überhaupt keinen Spaß mehr** und du glaubst, dass du **das Studium abbrechen** möchtest?"

Die wichtigsten Schlüsselworte und Formulierungen wurden also beibehalten. Gleichzeitig wurden Sie in eine Frage umformuliert, was die klassische Art des Paraphrasierens ist. Hier erzielen Sie zwei Effekte: Einerseits vermitteln Sie Ihrem Sohn das Gefühl, sich wirklich in seine Lage versetzen zu wollen. Er wird Ihnen im Laufe des folgenden Gesprächs dann mehr Vertrauen schenken. Zudem öffnen Sie ihn dafür, über dieses Problem kritisch nachzudenken.

Nehmen wir noch eine andere Situation zur Hand. Nehmen wir an, Sie bearbeiten gemeinsam mit einem Kollegen ein großes Projekt. Kurz vor Abschluss bekommt dieser eine Krise und sagt: „Ich glaube, wir schaffen das nicht rechtzeitig."

Nach Technik 1 paraphrasieren Sie nun wie folgt: „Du meinst, **wir schaffen das nicht rechtzeitig**?"

Hier ist die Hauptwirkung wieder, dass Sie den Eindruck von Empathie erwecken. Zudem wird Ihr Kollege durch die Gegenfrage sofort im Grübeln unterbrochen und darin unterstützt, sich wieder zu fangen.

Paraphrasieren – Technik Nr. 2: Sinngleiches Wiederholen in eigenen Worten

Diese Technik ist das, was mit dem Begriff des Paraphrasierens in der Rhetorik meist gemeint wird. Dieses unterscheidet sich nur leicht von Technik Nr. 1.

Im Prinzip wiederholen Sie auch dabei die Aussage des anderen, allerdings formulieren Sie sie dieses Mal in Ihren eigenen Worten. Fassen Sie das Gesagte dabei nach Möglichkeit etwas zusammen, geben Sie aber alle Aspekte der Aussage des anderen wieder.

Die bei Technik 1 beschriebenen Manipulationsziele sind auch mit Technik Nr. 2 wieder umsetzbar. Zusätzlich kommt folgendes Ziel hinzu:

- Die geänderte Formulierung bewirkt einen tiefergehenden Denkprozess im anderen als Technik Nr. 1. Sie können damit also bewirken, dass der andere versucht, eine Sache aus einem anderen, nämlich Ihrem, Blickwinkel zu betrachten.

Ziehen wir dazu wieder die oben genannte Beispiele heran. Wir werden diese durch alle vier Techniken des Paraphrasierens durchspielen, damit Sie verstehen, wie unterschiedlich die verschiedenen Formulierungen wirken können.

Ihr Sohn sagt in Beispiel Nr. 1 also: „Das Fach macht mir überhaupt keinen Spaß mehr und ich glaube, dass ich das Studium abbrechen möchte."

Nach Technik Nr. 2 würden Sie nun wie folgt paraphrasieren: „Verstehe ich dich richtig, dass du **keinen Spaß mehr am Studium empfindest** und dir **nicht sicher bist,** ob du weitermachen möchtest?"

Sie sehen: Die gleichen Aussagen wurden hier etwas anders formuliert. Ihr Sohn sieht seine Aussage als auf der sachlichen Ebene befindlich; Sie machen ihm durch Ihre Paraphrasierung aber bewusst, dass es dabei vor allem um seine eigenen Emotionen und Unsicherheiten geht. Das bereitet ihn ideal darauf vor, darüber nachzudenken, ob sein Entschluss eigentlich rational erklärbar ist oder ob er rein impulsiv handelt.

Im zweiten Beispiel sagt Ihr Kollege: „Ich glaube, wir schaffen das nicht rechtzeitig."

Entsprechend Technik 2 könnten Sie nun wie folgt paraphrasieren: „Verstehe ich dich richtig, **du hast das Gefühl**, dass wir Zeitprobleme bekommen **könnten**?"

Auch hier machen Sie dem Kollegen wieder klar, dass sein Denken in erster Linie seinen irrationalen Empfindungen entspringt. Zudem haben Sie hier durch die Formulierung die sichere Aussage des Kollegen („wir schaffen es nicht") zu einer hypothetischen Aussage verwandelt („wir könnten Zeitprobleme bekommen"). Das nimmt der Sache gleich die Schärfe und macht Ihrem Kollegen klar, dass es mehrere mögliche Szenarien gibt, wie das Ganze weitergehen könnte.

Paraphrasieren – Technik Nr. 3: Neubewertung durch Wiederholung

Während die ersten beiden Techniken des Paraphrasierens einfacher waren, darf diese Technik als fortgeschritten gelten. Denn hier müssen Sie spontan deutlich mehr über Ihre Formulierung nachdenken.

Die Idee ist es, wortgleich zu paraphrasieren. Wertende oder negative Worte ersetzen Sie dabei aber bewusst durch wertneutrale oder sogar positive Worte.

Diese Art der Paraphrasierung verfolgt damit neben dem Schaffen einer vertrauten Atmosphäre sehr viel konkretere Manipulationsziele:

- Sie bringen den anderen dazu, die Sache sofort anders und positiver zu bewerten.
- Sie relativieren die Aussage des anderen, ohne dass dieser es merkt. Sie können damit bewirken, seine Meinung in ihm „auszulöschen".
- Sie bringen ihn dazu, aktiv nach neuen Lösungsansätzen und Betrachtungsweisen für die Situation zu suchen.

Diese Art des Paraphrasierens ist damit eine suggestive Manipulationstechnik, die auch als starker Einstieg in weitere Techniken dienen kann. Denn der andere wird, sofern er positiv darauf reagiert, sehr viel geneigter sein, Ihnen Glauben mit allem zu schenken, was Sie danach sagen. Eine ideale Vorbereitung also, um den anderen zu führen!

Gehen wir wieder zu unseren beiden Beispielen.

Beispiel 1: Ihr Sohn sagt: „Das Fach macht mir überhaupt keinen Spaß mehr und ich glaube, dass ich das Studium abbrechen möchte."

Eine Paraphrasierung nach Technik 3 könnte lauten wie folgt: „Du willst also sagen, dein Studienfach mache dir **weniger Spaß als am Anfang** und dass du **unsicher bist, wie es mit dem Studium weitergehen soll**?"

Lassen Sie den Satz einmal auf sich wirken und vergleichen Sie ihn auch mit den anderen möglichen Formulierungen.

Sicherlich wird Ihr Sohn hier viel stärker gedanklich auf eine Ebene versetzt, auf der noch nichts entschieden ist. Sie führen ihn geschickt in eine Position, in der er vor allem darüber nachdenken muss, wie (und nicht ob) es weitergeht. Sie machen mit einer einfachen Umformulierung bereits klar, dass ein Verlust von Spaß im Vergleich zum Anfang einer Sache als normal und nicht als negativ zu werten ist.

Gehen wir zu Beispiel 2. Ihr Kollege sagt: „Ich glaube, wir schaffen das nicht rechtzeitig.“

Ihre Formulierung nach Technik Nr. 3 könnte nun lauten: „Du **hast das Gefühl**, wir **könnten länger als geplant benötigen**?“

Auch hier beenden Sie eigentlich in nur einem Satz die Diskussion darüber, *ob* Sie es schaffen werden, Ihr Projekt zu beenden. Fraglich ist stattdessen nur noch, *wann* das der Fall sein wird. Damit haben Sie die Diskussion auf freundliche Art sofort ausgehebelt. Ihr Kollege wird mit nur einem Satz in die Lage versetzt, sich konstruktiv darüber Gedanken zu machen, wie das Ganze funktionieren kann und welche Lösungswege es für sein empfundenes Problem gibt.

Paraphrasieren – Technik Nr.4: Wiederholung von Schlüsselworten in einem neuen Bedeutungszusammenhang

Bei dieser Form des Paraphrasierens sind Sie in Ihrer Formulierung und der Ausgestaltung Ihrer Aussage am freiesten. Sie analysieren dazu kurz die Aussage des anderen. Dabei filtern Sie die Schlüsselworte heraus. Dies sind Worte, die der andere nutzt, die besonders aufgeladen zu sein scheinen.

Im Gegensatz zu Technik Nr. 3, wo Sie ebendiese Worte ersetzen, verwenden Sie dann in Ihrer Antwort bei Technik Nr. 4 nur diese Worte, setzen Sie aber in eine andere Aussage. Diese Aussage darf sich gerne auf Sie selbst beziehen, muss den anderen aber dazu bringen, die ganze Sache irgendwie neu zu bewerten.

Hierbei verfolgen Sie folgende Manipulationsziele:

- Sie vermitteln dem anderen ein unterbewusstes Gefühl von Vertrautheit und Empathie.
- Sie geben dem anderen, je nach restlicher Formulierung, ein großes Gefühl von Interesse an seiner Person. Er fühlt sich dadurch gesehen und wird Ihren Rat sehr viel bereitwilliger annehmen.
- Sie bewegen ihn dazu, eine Sache schlagartig ganz anders zu sehen.

Nehmen wir auch hier wieder unsere Beispielsituationen zur Hand, um uns den Unterschied zu den anderen Techniken vor Augen zu führen.

In Beispiel 1 sagt Ihr Sohn: „Das Fach macht mir überhaupt keinen Spaß mehr und ich glaube, dass ich das Studium abbrechen möchte."

Nun müssen Sie zunächst analysieren, was die emotional besonders aufgeladenen Schlüsselworte sind, die Ihr Sohn benutzt. Im realen Leben muss das natürlich schnell gehen, weshalb diese Form des Paraphrasierens einiges an Übung erfordert.

Die Schlüsselworte dürften hier „überhaupt keinen Spaß" und „Studium abbrechen" sein.

Sie können nun entsprechend Technik 4 folgende Antwort formulieren: „Es ist bedauernswert, dass dir dein Studium

überhaupt keinen Spaß mehr zu machen scheint. Ich würde es aber begrüßen, wenn du dir vorher genau überlegst, ob du dein **Studium** wirklich **abbrechen** möchtest."

Sie sehen, dass hier weder eine sinn- noch eine wortgleiche Wiederholung gewünscht ist. Stattdessen gehen Sie gleich einige Schritte weiter. Ihr Sohn wird sicherlich den Eindruck bekommen, dass Sie ihm gegenüber empathisch sind. Gleichzeitig strahlen Sie eine gewisse Autorität aus. Sie machen eine klare Ansage, was, Ihrer Meinung nach, der richtige nächste Schritt wäre. Wenn es gut funktioniert, wird Ihr Sohn in der Folge bereit sein, ein ernsthaftes Gespräch über das Für und Wider seiner Entscheidung zu führen.

Nehmen wir uns abschließend auch hier die zweite beschriebene Situation vor. Ihr vom nahenden Projektende gestresster Kollege sagt: „Ich glaube, wir schaffen das nicht rechtzeitig."

Die emotional bedeutende Formulierung ist hier sicherlich „nicht rechtzeitig schaffen".

Daraus können Sie wie folgt formulieren: „Es überrascht mich, zu hören, dass du denkst, wir **schaffen es nicht rechtzeitig**. Ich hatte den Eindruck, dass alles gut läuft."

Diese Formulierung ist sogar noch etwas stärker als die beim vorigen Beispiel. Denn eigentlich unterbinden Sie jede weitere Diskussion über dieses Thema. Stattdessen vermitteln Sie dem anderen, dass seine Idee nicht nachvollziehbar ist und nicht zu Ihrer Bewertung der Umstände passt. Da wir aber gelernt haben, dass Menschen gerne kohärent sein und als solches wahrgenommen werden wollen, wird dies Ihren Kollegen dazu animieren, Ihnen zuzustimmen und sich wieder seiner Arbeit am Projekt zuzuwenden.

Suggestive Sprachmuster

Suggestionen sind im Prinzip nichts anderes, als Aussagen, die eine gewisse Wirkkraft im anderen besitzen, ihn also dazu bringen, eine Sache zu machen oder zu unterlassen. Sie können ihm durch Suggestionen direkte Befehle geben, ohne, dass der andere sie als solche wahrnimmt.

Die Erfahrung und die psychologische Forschung zeigen, dass sich dazu bestimmte Sprachmuster besonders eignen. Ich möchte Ihnen daher in diesem Kapitel eine Reihe an suggestiven Sprachmustern zeigen.

Diese Sprachmuster sind hoch manipulativ. Häufig eignen sie sich, sparsam eingesetzt, als ideales „Follow-Up" zu einer der anderen bisher gelernten Techniken, welche den anderen eher öffnen und für weitere Manipulationen empfänglich machen können.

Alle Sprachmuster, die Sie in diesem Kapitel erlernen werden, sind gut durch psychologische Forschung belegt. Den Großteil dieser Forschung hat der amerikanische Psychotherapeut Milton Erickson bestritten. Daher nennt man die zugehörigen verbalen Techniken zusammengefasst auch das „Milton-Modell".

Milton selbst wendete diese Techniken an, um teils schwer psychisch kranke Menschen zu kurieren. So soll er unter anderem Menschen mit schweren Formen von Magersucht durch die Anwendung dieser Techniken in wenigen Sitzungen dazu gebracht haben, wieder normal zu essen, Gewicht zuzunehmen und schließlich ihre Krankheit zu besiegen.

Die Idee dahinter ist, dass eine Formulierung, die eigentlich keinen Sinn ergibt oder wenig bis keinen Informationswert besitzt, wie eine „Hülle“ für darin versteckte Suggestionen wirken kann. Das mag zunächst verwirrend klingen, ist aber einfach erklärt: Wenn unser Gehirn einen Satz hört, der keinen Sinn zu haben scheint, so werden die rationalen Kapazitäten unseres Großhirns buchstäblich damit ausgelastet, denn Sinn darin zu finden. Denn normalerweise ist unser Großhirn für die Sprachverarbeitung verantwortlich.

Allerdings können wir auch auf anderen Ebenen Informationen aufnehmen. Das Milton-Modell versucht, in den angeblich sinnlosen Satz eine emotionale Bedeutung einzuweben, die, aufgrund der kurzzeitigen Auslastung des Großhirns mit der Suche nach dem Sinn der Aussage, unbemerkt bei uns ankommt. Das Gehirn wird im Prinzip überlistet, sodass emotional besonders prägnante Aussagen leichter bei uns ankommen.

Milton verwendete zum Beispiel gerne Geschichten. Dafür erfragte er zunächst, welche Interessen oder Hobbys seine Patienten hatten. Besonders berühmt ist das Beispiel einer essgestörten Hobbygärtnerin, der er eine Geschichte darüber erzählte, wie Pflanzen Nährstoffe und Nahrung brauchen, um gedeihen und leben zu können. Hätte er ihr diese Geschichte aber einfach so erzählt – die Wirkung wäre sicherlich bescheiden gewesen. Stattdessen nutzte Milton viele sehr komplizierte Formulierungen und Fachwörter sowie Schachtelsätze. Das Ergebnis: Das Hirn der Dame war so beschäftigt damit, der

Geschichte selbst zu folgen, dass die Botschaft, dass jedes Lebewesen essen muss, ungefiltert in ihr Unterbewusstsein gepflanzt werden konnte. In der Folge begann sie, wieder mehr zu essen und konnte sich vollständig erholen.

Sie müssen nicht unbedingt solche Geschichten erzählen. Ich zeige Ihnen im Folgenden die wichtigsten suggestiven Sprachmuster für Ihren Alltag.

Etwas Übung wird deren Anwendung durchaus erfordern. Sie werden aber sehen, dass es leichter ist, als Sie vielleicht dachten, Menschen tiefgreifend nur mit der Sprache zu manipulieren.

Lassen Sie etwas weg

Bei diesem Sprachmuster verhilft Ihnen eine kleine Umformulierung zu einem Verlust wichtiger Informationen. In der Folge will der andere eine Sache zwar umsetzen, weiß aber gar nicht genau, wie.

Wenden Sie dieses Sprachmuster vor allem in Situationen an, in denen Sie andere schnell von einer Idee überzeugen wollen, ohne konkret erklären zu müssen, wie das Ganze genau ablaufen soll.

Sie ersetzen dazu ein Verb durch ein Substantiv. Statt also zu sagen „Das Studium abzubrechen wird dich nicht von der Last einer Ausbildung *befreien*“ sagen Sie: „Das Studium bietet dir später im Leben die größte *Freiheit*.“ Welcher Satz würde Sie eher überzeugen, Ihr Studium zu Ende zu führen?

Unspezifische Worte

Auch hier arbeiten Sie damit, nur wenig echte Informationen preiszugeben. Stattdessen nutzen Sie Worte, die emotional sehr aufgeladen, aber eigentlich unspezifisch sind. Auch auf diesem Weg erreichen Sie eine schnelle und unkomplizierte Überzeugung des anderen.

Ein Beispielsatz hierfür wäre: „Ein Studium ist *sicher* und gibt dir trotzdem das Gefühl, *frei deinen Weg gehen* zu können."

Geben Sie verdeckte Befehle

Hierbei verstecken Sie einen Befehl in einer Aussage, die mit „Man sollte…" beginnt. Das suggeriert dem anderen, dass es sich dabei um eine allgemein akzeptierte Wahrheit handelt. Sie müssen und sollten dazu keine Quelle dieser Information nennen. Der andere wird die Aussage auch so als wahr anerkennen. Sie funktioniert damit wie ein versteckter Befehl.

Hier wäre ein Beispiel: „Man sollte nicht nur darauf schauen, was die Kommilitonen machen." Oder aber: „Man sollte ein Studium nach dem vierten Semester eigentlich nicht mehr abbrechen."

Nutzen Sie leere Vergleiche

Ein leerer Vergleich ist ein Satz, in dem Sie die Steigerungsform eines Adjektivs nutzen, ohne zu sagen, mit was man die Sache vergleichen müsste, um zu diesem Ergebnis zu kommen. Einfach formuliert: Sie sagen beispielsweise, eine Sache sei besser, sagen aber nicht, besser als was sie ist. Das führt dazu, dass der andere Sie alternativlos als beste Lösung in einer Situation anerkennt.

In der Werbung wird dieses Sprachmuster sehr häufig genutzt, da wir alle sehr empfänglich dafür sind.

Hier wäre ein Beispiel: „Ein Hochschulabschluss ist letztlich immer besser."

Behaupten Sie einen Zusammenhang

Hierbei behaupten Sie, dass es einen starken Zusammenhang zwischen zwei Dingen gäbe, ohne zu beweisen, dass und warum das so ist. Der andere überhört Ihre fehlende Argumentation aber einfach und akzeptiert, dass das so ist. Das ist das Prinzip von „Wer A sagt, muss auch B sagen." Diesem Rat folgen Menschen seit Generationen, ohne zu fragen, warum B unbedingt aus A folgen sollte.

Hier wäre ein Beispiel: „Wenn du einmal mehr als zwei Semester studiert hast, dann solltest du das Studium auch zuerst beenden, bevor du etwas anderes anfängst."

Lesen Sie die Gedanken des anderen

Beziehungsweise: Tun Sie so, als ob. Natürlich ist es nicht möglich, die Gedanken des anderen wirklich zu lesen. Das wollen Sie auch gar nicht. Vielmehr suggerieren Sie, zu wissen, was der andere will, woraufhin dieser gar nicht hinterfragt, ob das eigentlich wirklich war, was er wollte.

Wichtig ist hier nur, dass Sie das Ganze selbstbewusst genug formulieren. Der andere darf nicht in Verlegenheit kommen, darüber nachzudenken, ob Sie eigentlich Recht haben. Sonst wird er sich bevormundet fühlen.

Daher ist auch wichtig, dass Sie schnell an den Satz anknüpfen. Sie können eine Diskussion so schnell und ohne Widerrede in eine ganz andere Richtung lenken und Informationen beim anderen platzieren, die er sich sonst nicht angehört hätte.

Beispiel: „Du willst wissen, warum ich denke, dass ein Studium das Beste für dich ist. Dafür gibt es mehrere Gründe, zum Beispiel…“

Formulieren Sie extrem

Je extremer verallgemeinernd eine Aussage ist, desto eher werden wir sie nicht hinterfragen. Das können Sie sich natürlich zunutze machen, um sehr starke Aussagen ohne Wiederspruch direkt im Unterbewusstsein des anderen zu platzieren. Dazu nutzen Sie Ausdrücke wie jeder, keiner, alle, immer, nie, etc.

Beispiel: „Keiner hat Interesse daran, dass du unglücklich bist. Aber es würde auch keiner so kurz vor Schluss noch sein Studium abbrechen.“

Machen Sie Druck – aber freundlich

Sie können andere mithilfe bestimmter Worte und Formulierungen dazu bewegen, eine Entscheidung möglichst bald zu treffen oder eine Sache so schnell wie möglich zu erledigen. Diese Formulierungen bauen hohen Druck auf, wirken dabei aber nicht unbedingt unhöflich.

Hier gibt es drei Abstufungen. Interessanterweise funktionieren diese besser, je weniger dringlich Sie formulieren, da der andere dann den Eindruck hat, vor allem selbst an der Erledigung der Sache interessiert zu sein.

Sie können einen Satz mit dem Verb *müssen* formulieren, allerdings kann hier Gegenwind entstehen: „Du musst das bis zur Einschreibefrist entscheiden.“ Sie sagen eigentlich nur das Offensichtliche, gleichzeitig üben Sie einen gewissen Druck aus.

Besser wäre, eine Formulierung mit *können* zu wählen: „Du kannst das noch bis zur Einschreibefrist entscheiden." Eigentlich ist die Aussage die gleiche, der andere bekommt aber einen Eindruck von Freiraum.

Auch gut funktionieren kann eine Formulierung mit dem Verb *wollen*: „Du wirst das bis zur Einschreibefrist entscheiden wollen." Sie üben damit Druck aus, spielen dem anderen aber die Karte zu. Es ist in seinem Interesse, Ihrem Rat zu folgen!

Nehmen Sie die Entscheidungen des anderen voraus

Hierbei formulieren Sie eine Frage so, als hätte der andere schon eine Entscheidung getroffen. Sie führen ihn damit gedanklich hin zu diesem Weg und beeinflussen seine Entscheidung sehr stark in die von Ihnen gewünschte Richtung.

Beispiel: „Was sind deine Nachteile, wenn du die letzten zwei Semester jetzt noch durchziehst?" Sie lassen Ihrem Sohn keine Wahl, sondern lediglich einen Spielraum, innerhalb dem er argumentieren kann, um sich mit diesem Gang der Dinge abzufinden.

Geben Sie vorübergehende Freiheiten

Das ist eine sehr geschickte, suggestive Art der Formulierung. Dabei räumen Sie dem anderen eine temporäre Freiheit ein, die ihn allerdings nur dahinführt, letztlich zu tun, was Sie wollen. Sie nehmen also in Kauf, dass er etwas länger braucht, letztlich muss er es aber tun.

Beispiel: „Nimm dir doch ruhig noch ein Urlaubssemester und verbringe mal ein paar Wochen am Strand, *bevor* du dann dein Studium mit frischem Geist zu Ende bringst."

Geben Sie die Reihenfolge vor

Dieses Sprachmuster unterscheidet sich nur unwesentlich vom vorigen, allerdings bestimmen Sie hierbei deutlich stärker, was wann und in welcher Reihenfolge gemacht wird. Sie geben dem anderen aber das Gefühl, dabei vor allem um sein Wohlergehen bemüht zu sein.

Beispiel: „Mach doch erst einen kleinen Strandurlaub auf meine Kosten, und danach beendest du dann frohen Mutes dein Studium."

Verstecken Sie direkte Befehle

Wir hatten oben schon ein Sprachmuster für versteckte Befehle. Nun möchte ich Ihnen eine zweite Möglichkeit geben, Befehle zu verstecken, die noch deutlich kraftvoller wirken kann.

Dabei betten Sie einen direkten Befehl in einen neutral formulierten Satz ein. Unser Hirn hört den Befehl trotzdem heraus und „rechnet" die restlichen Worte sozusagen „weg." Allerdings nehmen wir den Befehl trotzdem nicht als solches wahr, weil er ja in einen netten Satz verpackt war.

Im Beispiel könnten wir den Befehl „Du darfst nicht dein Studium abbrechen" aussprechen wollen. Ohne eine Formulierung ringsherum würde Ihr Sohn sich wohl eher bevormundet fühlen, als auf Sie zu hören. Daher sagen Sie: „DU DARFST dich NICHT der Illusion hingeben, dass es irgendwie leichter wäre, wenn du DEIN STUDIUM ABBRECHEN würdest."

Verstecken Sie offensive Fragen

Manchmal wissen wir, dass ein anderer Mensch auf eine bestimmte Frage nicht antworten wird. Allerdings sind wir mit diesem Rückhalt von Informationen nicht besonders konsequent. Oft reicht es schon, eine Frage als Aussage zu formulieren. Der andere fühlt sich dadurch nicht so ausgefragt und dennoch genötigt, Ihnen die gewünschten Informationen mitzuteilen.

Beispiel: „Es würde mich ja schon interessieren, wer dir gesagt hat, ein Studienabbruch sähe nicht blöd im Lebenslauf aus."

Animieren Sie den anderen zum nächsten Schritt

Bei diesem Sprachmuster formulieren Sie eine Frage so, dass Sie den anderen unbewusst dazu bringt, etwas zu tun, was die Antwort auf diese Frage liefert.

Beispiel: „Wie viele Menschen wohl froh sind, ihr Studium abgebrochen zu haben?" Sie bringen Ihren Sohn damit dazu, zu recherchieren, wie viele Studienabbrecher ihre Entscheidung später wohl bereuen werden. Damit platzieren Sie, ohne es zu sagen, die Info bei ihm, dass viele Studienabbrecher ihre Entscheidung später gerne revidieren würden.

Sprechen Sie in Bildern

Das ist das Sprachmodell, das Milton in seinen Therapien bevorzugte. Sie können mit klassischen Metaphern sehr viel im anderen bewirken, allerdings müssen Sie dazu auch eine Weile nachdenken und etwas Übung mitbringen.

Sie könnten Ihrem Sohn zum Beispiel folgende Metapher präsentieren: „Ein Studium dauert ja sehr lange und hat daher immer wieder seine Längen. Das ist wie mit einem guten, aber sehr dicken Buch. Zwischendurch muss man sich immer mal durch einige hundert Seiten beißen, die vielleicht nicht so spannend sind. Sie dienen aber trotzdem dem Aufbau der Geschichte. Ohne sie würde man das Ende nicht verstehen. Wenn man mitten im Buch aufgibt, wird man nie wissen, wie die Geschichte ausgeht. Man verpasst das große, spannende Finale. Wenn man sich aber durchbeißt, dann wird man mit dem Wissen belohnt, dass der Held am Ende immer alles bekommt, was er will."

Verwenden Sie Zitate

Das klingt komplizierter, als es eigentlich ist. Auch Zitate können wie eine Metapher wirken, werden allerdings durch äußere Bestätigung aufgeladen.

Sie müssen gar nicht unbedingt zum wandelnden Wörterbuch für Zitate werden. Sie können das Zitat auch indirekt „konstruieren", indem Sie einfach behaupten, eine bestimmte Person würde eine bestimmte Aussage treffen können.

Beispiel: „Elon Musk würde dir sicherlich raten, es durchzuziehen und in ein paar Jahren die Welt zu verändern."

Weitere suggestive Manipulationstechniken

Nicht nur NLP bietet wirksame suggestive Möglichkeiten der Manipulation. Gerade einige der am häufigsten angewendeten Manipulationstechniken nutzen Suggestionen. Oft wenden wir diese bereits unbewusst an.

Diese Techniken haben einen Vorteil: Sie begegnen uns im Alltag so häufig, dass wir sie oft nicht als Manipulation erkennen. Wir hinterfragen gar nicht, wenn jemand sich so verhält, da uns dieses Verhalten sehr häufig bei verschiedenen Menschen begegnet. Das erhöht die Wahrscheinlichkeit einer erfolgreichen Manipulation erheblich.

Gleichzeitig sind diese Techniken vielleicht nicht ganz so chirurgisch einsetzbar als die aus der Therapie stammenden Techniken des NLP. Dafür sind sie aber leichter erlernbar und in vielen Alltagssituationen leicht und ohne Vorbereitung anwendbar. Aus diesem Grund sollen sie in diesem Buch nicht fehlen.

Visualisieren Sie

Im Kapitel zur Bedeutung des Begriffes Suggestion habe ich bereits angesprochen, dass Fantasiereisen als suggestiv gelten.

Das liegt daran, dass sie uns eine bestimmte Sache sehr anschaulich vor Augen führen. Ein wünschenswerter Zustand oder Prozess wird uns visualisiert. Dadurch können wir wirklich erspüren, wie es wäre, diese Sache zu haben und werden viel härter dafür arbeiten, diese Sache auch zu bekommen.

Kinder sind Meister der Visualisierung. Wenn sie eine bestimmte Sache unbedingt haben wollen, dann stellen sie sich sehr bildhaft vor, sie hätten diese Sache schon. Wollen Sie beispielsweise einen Hund, so gehen sie mit dem imaginären Hund bereits Gassi, bevor die Eltern auch nur darüber nachdenken, dem Wunsch des Sprösslings nachzugeben.

Durch das ständige lautstarke Visualisieren der Sache gewöhnen sich nicht nur die Kinder daran, wie es wäre, diese Sache zu haben, auch die Eltern tun es! Nach einer Weile werden sie sehr viel bereitwilliger dem Wunsch des Kindes nachgeben als zu Anfang.

Nutzen Sie dieses Prinzip, indem Sie positive erwünschte Ergebnisse visualisieren. Natürlich sollen Sie nicht so tun, als ob, denn das bleibt den Kindern überlassen. Führen Sie der anderen Person aber konkret vor Augen, wie ihr (gemeinsames) Leben aussehen könnte, wenn sie einer bestimmten Sache zustimmt. Denn je schmackhafter Sie ihr diese Sache machen, desto eher wird sie nicht nur zustimmen, sondern auch selbst hart daran arbeiten, diese Sache zu bekommen!

Bei manchen Sachen geht das natürlich einfacher als bei anderen. Letztlich finden Sie aber für fast jedes Manipulationsziel auch eine passende Möglichkeit, es zu visualisieren. Dafür müssen Sie sich das Ergebnis natürlich zunächst einmal selbst visualisieren.

Ein schöner Nebeneffekt dabei ist die Tatsache, dass Sie dadurch für sich selbst noch einmal validieren können, dass Sie eine Sache auch wirklich wollen. Und das am besten, bevor Sie in den Manipulationsversuch starten. Daher kann die Visualisierung einer Sache vor Ihrem eigenen geistigen Auge immer der erste Schritt hin zu einer erfolgreichen Manipulation sein. Später lassen Sie den anderen dann an diesem inneren Bild mit lebendigen Worten teilhaben – so einfach kann erfolgreiche Manipulation sein.

Nutzen Sie die Bedürfnisse des anderen aus

Wir alle haben Bedürfnisse. Das ist Ihnen sicherlich nicht fremd.

Oft haben wir den Eindruck, dass die Bedürfnisse anderer Menschen unseren eigenen Bedürfnissen im Weg stehen. Wir empfinden die Forderungen des anderen oft als „Umweg“ zu unserem eigenen Ziel. Vielleicht haben Sie auch oft den Eindruck, dass andere Menschen Ihre eigene Zielerreichung mit ihren Bedürfnissen völlig blockieren.

Das allerdings muss nicht so sein, denn gerade die Bedürfnisse des anderen sind ein starker Hebel für Manipulationen. Das liegt daran, dass wir Menschen darauf ausgerichtet sind, stets impulshaft so viele unserer Bedürfnisse wie möglich zu befriedigen. Zwar mögen diese Impulse nicht bei jedem gleich stark ausgeprägt sein – der eine hat vielleicht gelernt, sie auch einmal zu unterdrücken, der andere handelt hoch impulsiv – doch sie stecken in jedem von uns.

Das können Sie ausnutzen. Dazu gibt es verschiedene Möglichkeiten.

Die klassischste Form der Manipulation über Bedürfnisse ist es, sie dort zu wecken, wo vorher keine waren. Das ist das Prinzip von Werbung: Sie wussten bis gerade nicht, dass Sie unbedingt eine kalte Cola möchten. Nach dem Werbeclip aber ist der Wunsch danach so groß, dass sie durchaus gewollt sind, noch schnell zum Kiosk um die Ecke zu gehen und sich dieses Bedürfnis zu erfüllen. Ein Bedürfnis, das die Werbung durch Manipulation überhaupt erst in Ihnen geweckt hat!

Diesen Mechanismus können Sie natürlich ebenfalls nutzen. Dazu müssen Sie anderen Ihre eigenen Ziele nur irgendwie selbst schmackhaft machen. Dazu ist es natürlich unumgänglich, dass dieses Ziel auch für den anderen wünschenswerte Aspekte besitzt.

Es gibt aber auch eine andere Herangehensweise zur Manipulation mittels Bedürfnisse. Dazu müssen Sie den anderen eine Weile beobachten und feststellen, was seine Bedürfnisse in diesem Moment sind.

Kleine, in einem Schritt umsetzbare Bedürfnisse sind besser zur Manipulation geeignet. Finden Sie heraus, was der andere möchte. Dann machen Sie ihm klar, dass der von Ihnen gewünschte Weg auch der kürzeste zur Befriedigung der Bedürfnisse des anderen ist.

Scheint der Andere große Ziele zu haben, die sich nicht in einer Handlung umsetzen lassen, so müssen Sie ihm Etappenziele verkaufen. Er muss dann also den Eindruck gewinnen, dass es ihn seinem Ziel zumindest ein Stückchen näherbringt, Ihrem Vorschlag zu folgen.

Suggerieren Sie die Überlegenheit einer Sache

Sie haben schon gelernt, wie Sie mithilfe der suggestiven Sprachmuster nach Milton Erickson die Überlegenheit einer Sache *behaupten*. Allerdings wird das nicht immer reichen, um den anderen auch davon zu überzeugen, dass eine Sache wirklich überlegen ist. Denn, obwohl die meisten Menschen auf die beschriebenen Sprachmuster gut ansprechen, gibt es auch Menschen, die erkennen, dass Ihnen gerade eine informative „Mogelpackung" serviert wird.

Sie können aber auch durch weitere Aspekte dazu beitragen, dass die andere Person die Überlegenheit einer bestimmten Sache akzeptiert, selbst dann, wenn dies eigentlich nicht der Fall ist. Sie haben bereits einige Prinzipien gelernt, die sich dazu einsetzen lassen.

Diese finden Sie vor allem in den Basisprinzipien der Manipulation nach Robert Cialdini. Sie können vor allem die Prinzipien der Führung und der sozialen Bewährtheit gezielt nutzen, um die von Ihnen behauptete Überlegenheit einer Sache auch zu unterstreichen. Dazu müssen Sie dem anderen erfolgreich suggerieren, dass entweder Sie selbst mehr Fachwissen in diesem Bereich mitbringen und deshalb ein guter Ansprechpartner für ihn sind. Oder Sie müssen schaffen, ihm diese Sache durch Empfehlungen näherzubringen. Das können Artikel aus dem Internet sein, aber auch Empfehlungen anderer Menschen aus Ihrem gemeinsamen Umfeld. Diese sind vielleicht leichter mit Milton-Sprachmustern zu manipulieren, können dann aber als „Bote" Ihrer Sache fungieren.

Daneben gibt es ein weiteres, sehr einfaches Manipulationsprinzip, welches Sie nutzen können: die Wiederholung.

Unser Gehirn ist täglich mit einer wahren Flut an Informationen konfrontiert. Es sortiert daher für uns aus, noch bevor wir bewusst wahrnehmen, was unsere Aufmerksamkeit zu erregen versucht. Begegnet unserem Gehirn eine Information *zum ersten Mal*, so ist es wahrscheinlich, dass wir ihr keine allzu große Bedeutung beimessen.

Denn eine Nachricht, die wir so noch nicht empfangen haben, erscheint unserem Gehirn eher unwahrscheinlich. Prasselt eine gewisse Information stattdessen aber immer wieder auf uns ein, so ist unser Gehirn geneigt, sie auch zu glauben. Die schiere Wiederholungswahrscheinlichkeit kann daher dazu beitragen, eine Information vertrauenswürdiger erscheinen zu lassen. Das funktioniert sogar denn, wenn Sie selbst diese an geeigneten Stellen immer wieder fallen lassen.

Zwar braucht diese Manipulationstechnik etwas, da Sie den anderen „mürbe machen" müssen. Dafür kann sie aber sehr gut funktionieren. Irgendwann kann der andere nicht mehr anders, als Ihnen zu glauben, dass Sie ihm die beste Option bieten!

Bieten Sie falsche Kompromisse an

Niemand möchte gerne zu irgendetwas gezwungen werden oder sich von einer Sache gegen seinen eigentlichen Willen überzeugen lassen. Daher funktionieren Kompromisse so gut: Beide Seiten haben den Eindruck, ein Stück weit das bekommen zu haben, was sie eigentlich wollten. Niemand hat den Eindruck, verloren zu haben.

Wenn Sie manipulieren möchten, so wollen Sie Kompromisse vermutlich eher umgehen. Denn ein echter Kompromiss bedeutet Abstriche an Ihrem eigenen Ziel – was sicherlich nicht im Sinne eines guten Manipulators ist. Andererseits funktioniert bei manchen Menschen nur der Kompromiss zur Einigung.

Das Gute ist, dass Sie manipulative Kompromisse anbieten können! Dieses Tool kann sehr kraftvoll sein, denn es gibt dem anderen das Gefühl, Sie wären auf ihn zugekommen. In Wirklichkeit aber haben Sie keinerlei Abstriche an Ihrem Ziel gemacht! Der andere verpflichtet sich im Gegenzug aber dennoch, Ihnen Zugeständnisse zu machen.

Die Kunst dabei ist es, das von Ihnen Gewünschte in einen Kontext zu setzen, der es als Kompromiss erscheinen lässt. Vielleicht ist es nicht einfach, sich das vorzustellen. Im Prinzip müssen Sie das, was der andere will, ein Stück weit unter den Tisch fallen lassen. Stattdessen stellen Sie es so dar, als bestünde lediglich eine Wahlmöglichkeit zwischen Ihrem Vorschlag und einer viel extremeren Option, die der andere auf keinen Fall wollen kann.

Sie müssen dabei aufpassen, nicht zu viel Druck aufzubauen, da viele Menschen sonst empfindlich auf diese Technik reagieren könnten. Formulieren Sie also weise. Dann aber kann das Ganze sehr gut funktionieren, da der andere den Eindruck gewinnt, einen Kompromiss gefunden zu haben.

Veranschaulichen wir das Ganze an einem Beispiel.

Nehmen wir hierzu wieder den Sohn zur Hand, der sein Studium abbrechen möchte. Sie wollen, dass er weiterstudiert. Ein falscher Kompromiss könnte sich wie folgt erzwingen lassen:

„Natürlich könntest du abbrechen, um auf eigenen Beinen zu stehen. Dann müsstest du allerdings dein eigenes Geld verdienen. Wir würden dich dann nicht mehr finanziell unterstützen können. Du könntest aber auch das Studium durchziehen und müsstest dir bis zum Ende dieser Zeit keine Gedanken um deinen Lebensunterhalt machen."

Sie stellen die Konsequenzen der Entscheidung also zunächst überspitzt negativ dar. Dann bieten Sie dem Sohn im Gegenzug eine Sache an, die nun wie ein Entgegenkommen Ihrerseits klingt. Tatsächlich aber handelt es sich dabei um etwas, was Sie ohnehin getan hätten!

Suggestive Fragen

Den Ausdruck der Suggestivfrage kennen Sie bestimmt. Diese Art der Frage hat keinen besonders guten Ruf – weil Sie manipulativ ist. In diesem Buch wollen wir Sie uns daher unbedingt noch einmal genau ansehen.

Unter einer Suggestivfrage versteht man eine Frage, die so formuliert ist, dass sie dem anderen eine bestimmte Antwort bereits in den Mund legt. Die Suggestivfrage kann verschieden starke Ausformungen annehmen.

Besonders in Verruf geraten sind Suggestivfragen im Zusammenhang mit kriminologischen Ermittlungen. Kinder sind besonders empfänglich für suggestive Fragetechniken. Dessen war man sich aber vor einigen Jahrzehnten noch nicht bewusst.

Kinder, die vielleicht Opfer von Straftaten geworden waren, waren von Polizisten unter Nutzung suggestiver Fragen befragt worden. Das Ergebnis: Je suggestiver gefragt wurde, desto eher sagte ein Kind Ja zur Sache, selbst dann, wenn sie nicht stimmte. Das funktioniert auch bei Erwachsenen und kommt als Verhörtechnik zum Einsatz, wenn ein Geständnis unbedingt erbracht werden soll. Der Wahrheitsgehalt solcher Geständnisse wird aber vor Gerichten regelmäßig angefochten.

Denn selbst Erwachsene sind häufig so empfänglich für diese Art der Befragung, dass sie anfangen, das Suggerierte tatsächlich zu *glauben*, obwohl es nie passiert ist. Ein Mensch beginnt dann vielleicht sogar, zu zweifeln, ob er wirklich nicht der Täter einer Straftat war – obwohl er es doch eigentlich genau wissen müsste.

Doch wir trauen unserem eigenen Urteil und unserer Erinnerung nur bedingt. Macht ein anderer dominant klar, dass er der Ansicht weiß, etwas zu wissen, das wir nicht wissen, so sind wir geneigt, ihm zu glauben.

Es gibt verschiedene Arten, suggestive Fragen zu stellen. Die zwei wichtigsten will ich Ihnen kurz vorstellen.

Die klassische Suggestivfrage erfragt als geschlossene Frage einen sehr detaillierten Sachverhalt. Der andere kann nur mit Ja oder Nein antworten. Wir vermitteln dem anderen damit, dass wir mehr über eine Sache wüssten als er.

Eine Suggestivfrage wäre zum Beispiel: „Kollege Meier, sind Sie schon wieder mit der Bearbeitung Ihrer Akten hinterher?“ oder „Hat der Tim dich heute im Kindergarten schon wieder geärgert?“

Es gibt auch eine zweite Art, Suggestivfragen zu stellen. Dabei gaukeln Sie dem anderen eine Wahlmöglichkeit vor. Entweder sind aber beide genannten Optionen in Ihrem Interesse, zum

Beispiel bei der Frage: „Möchten Sie lieber heute länger im Büro bleiben oder morgen ganz früh kommen, um die Präsentation vor dem Morgenmeeting fertig zu stellen?“ Sie suggerieren hier, dass die Erledigung der Aufgabe unfraglich ist und nur der Zeitpunkt der Erledigung eine Rolle spielt.

Klassischer wäre es, eine Wahlmöglichkeit anzubieten, von der Sie wissen, dass sie keinesfalls im Interesse des anderen liegt. So erscheint die andere angebotene Möglichkeit besser. Das ist auch eine Art von falschem Kompromiss, denn der andere bekommt suggeriert, er hätte eine Sache selbst entschieden, obwohl Sie die Entscheidung vorweggenommen haben. Ein Beispiel hier: „Wir waren schon lange nicht mehr beim Chinesen um die Ecke. Magst du lieber dahin, oder doch wieder zum Italiener?“ Das funktioniert gut, wenn Sie wissen, dass der andere das chinesische Restaurant nicht mag!

Suggestive Gesten

Letztlich wollen wir hier noch kurz die suggestiven Gesten ansprechen. Über körpersprachliche Suggestionen nach NLP haben wir bereits im entsprechenden Kapitel gesprochen.

Allerdings lassen sich auch andere Gesten suggestiv einsetzen, um zu manipulieren. Dabei sollten Sie vor allem darauf achten, das Gesagte durch bestimmte Gesten auf eine Art zu unterstreichen, die den anderen ohne Worte dazu animieren, eine bestimmte Sache zu tun.

Das funktioniert besonders gut, indem Sie anzeigen, wo der andere hingehen oder was er tun soll. Ein Beispiel: Stellen Sie sich vor, Ihr Chef hat Sie in sein Büro gerufen, um Sie wegen einer schlechten Arbeitsleistung zur Rede zu stellen. Sie möchten Ihren

Chef nicht verärgern, sich aber auch mehr Zeit verschaffen, um zu überlegen, wie Sie gut mit dieser Sache umgehen wollen. Sie könnten sagen: „Ich verstehe, dass Sie über diese Sache sprechen möchten. Allerdings sollte *ich* dringend noch meinen aktuellen Fall *abarbeiten*, damit es da nicht auch zu Verzögerungen kommt." Beim markierten „ich" zeigen Sie beiläufig auf sich selbst, bei „abarbeiten" auf die Tür. So vermitteln Sie Ihrem Chef unbewusst, dass er Sie zunächst entlassen soll, um später über diese Sache zu reden. Sie unterstreichen also das Gesagte durch Gesten so, dass eine klare Handlungsaufforderung entsteht.

Fallstudien: Manipulation in der Praxis

Sie haben nun in diesem Buch sehr viele verschiedene Techniken der Manipulation gelernt. Um Ihnen zu zeigen, wie das Ganze in der Praxis angewandt werden kann, möchte ich gerne drei „Fallstudien“, also etwas komplexere praktische Beispiele, mit Ihnen durchgehen. Dabei werden wir jeweils beleuchten, welche Manipulationsprinzipien und -techniken sinnvoll zum Einsatz kommen könnten und wie Sie daraus einen erfolgreichen Teppich der Manipulation weben, mit dem Sie bekommen, was Sie wollen.

Fallstudie 1: eine Situation als Angestellter

Wir wollen versuchen, hier drei Fälle aus verschiedenen Bereichen durchzunehmen, damit Sie einen umfassenden Einblick in die Möglichkeiten der Manipulation erhalten.

Dennoch wird der Arbeitsplatz sicherlich das häufigste Spielfeld von Manipulation sein. Dabei spielt es keine große Rolle, welche Stellung Sie am Arbeitsplatz innehaben – von guten Manipulationstechniken können Sie in jedem Fall profitieren.

Nehmen wir uns als erstes eine beispielhafte Situation als normaler Angestellter vor. Ein Ziel, für das wir alle gewisse Manipulationstechniken auspacken, ist das der Gehaltserhöhung. Denn diese zu bekommen, erscheint oft schwer. Das liegt auch am entsprechenden Gespräch, das zwischen Ihnen und dem Plus auf Ihrer Gehaltsabrechnung steht.

Wenn Sie mit Ihren eigenen Vorgesetzten hantieren, so sollten Sie auf andere, subtilere Manipulationsmethoden setzen, als wenn Sie selbst die agierende Führungskraft sind. Denn ein zu dominantes Auftreten könnte hier schnell zu Unmut führen und Ihre Vorgesetzten eher gegen Sie aufbringen. Dennoch sollen Sie natürlich selbstbewusst auftreten. Die Kunst besteht darin, den Mittelweg zu finden. Seien Sie weder dominant noch unterwürfig.

Um das Gespräch vorzubereiten, können Sie auf drei Manipulationstechniken zurückgreifen:

- das Prinzip der Sympathie,
- das Finden eines geeignete Gesprächsrahmens,
- das Erzeugen von Vertrautheit.

Zunächst sollten Sie überlegen, wann es angebracht ist, die gewünschte Gehaltserhöhung zu thematisieren. Sie könnten nun abwarten, bis ihr nächstes reguläres Feedbackgespräch ansteht. Findet ein solches nicht statt, fragen Sie nach einem solchen.

In diesem Gespräch soll es dann allerdings tatsächlich noch nicht um die Gehaltserhöhung gehen! Viele Menschen denken, wenn sie Lob beim Feedbackgespräch erhalten, sei das ein idealer Zeitpunkt, um nebenbei gleich nach mehr Gehalt zu fragen. Dem ist aber nicht so, im Gegenteil ist es sehr wahrscheinlich, dass Sie in diesem Moment abgewiesen werden. Denn Ihr Chef hat jetzt anderes im Kopf als die monetären Möglichkeiten, Sie besser zu vergüten.

Stattdessen soll dieses Gespräch als Vorlage dienen, um Ihren Vorgesetzten für das Gespräch zur Gehaltserhöhung vorzubereiten und einen idealen Rahmen zu setzen.

Während des Feedbackgesprächs sollten Sie nun natürlich Ihre eigenen Leistungen lobend hervorheben. Treten Sie selbstbewusst auf, machen Sie sich und Ihrem Chef bewusst, was Sie alles für die Firma leisten. Achten Sie darüber hinaus darauf, Sympathie und Vertrautheit wie weiter oben im Buch beschrieben zu erschaffen. Stellen Sie persönliche Gemeinsamkeiten heraus und versuchen Sie, die individuelle Beziehung zu Ihrem Vorgesetzten aufzuwerten. Das sollten Sie dann in den kommenden Wochen konsequent beibehalten.

Gegen Ende des Feedbackgesprächs bitten Sie den Vorgesetzten um einen gesonderten Termin für das Gespräch zur Gehaltserhöhung. Formulieren Sie es anders, vermeiden Sie das Wort Gehaltserhöhung. Fragen Sie beispielsweise nach einem Gespräch über Ihren Wert für die Firma. Ihr Chef wird sicherlich verstehen, worauf das Ganze hinauslaufen wird, wenn Sie es aber so formulieren, wird er Ihnen nur ungern absagen wollen.

In das dann folgende Gespräch zu Ihrem Gehalt gehen Sie mit einer gut vorbereiteten Strategie. Diese baut auf folgenden Techniken auf:

- das Prinzip der Beständigkeit,
- das Prinzip der Gegenseitigkeit,
- der Visualisierung,
- das Erschaffen von Knapphcit,
- der falsche Kompromiss.

Sie sollten sich ausführliche Notizen bei Ihrem Feedbackgespräch machen. Schreiben Sie auf, was Ihr Vorgesetzter lobt und wo er Wachstumsbedarf sieht. In letzteren versuchen Sie, zwischen den beiden Gesprächen eine

Verbesserung zu erreichen. Erstere sollten Sie sich gut merken, sodass Sie sie ohne nachlesen zu müssen beim Gespräch parat haben.

Wiederholen Sie dann nach dem Gesprächseinstieg zunächst, was Ihr Chef alles gelobt hat. Formulieren Sie dies in Fragen, beispielsweise: „Wenn ich es richtig verstehe, haben wir im Content Marketing seit meinem Einstieg ins Unternehmen ein deutliches Plus zu verzeichnen?“ Sie bringen den Chef dazu, Ihnen immer wieder zuzustimmen, was es ihm später schwerer macht, noch Nein zu sagen.

Dann betonen Sie die Dinge, die aus seiner Sicht noch nicht so gut laufen. Zeigen Sie klar auf, wie Sie sich in den letzten Wochen in diesen Bereichen verbessern konnten.

Halten Sie sich mit diesem ersten Teil aber auch nicht zu lange auf. Malen Sie stattdessen bildhaft aus, was Sie alles für die Firma leisten könnten, wenn Sie sich weiter so gut entwickeln. Machen Sie Ihrem Chef klar, was er alles erhält, wenn Sie weiter für ihn arbeiten.

Dann gehen Sie zum Angriff über: Fragen Sie ihn konkret, wie er Ihren Wert als Mitarbeiter einschätzen würde. Es ist sehr unwahrscheinlich, dass er jetzt etwas Negatives sagt. Dann machen Sie höflich, aber bestimmt, klar, dass Sie dafür besser entlohnt werden möchten. Steigen Sie mit einer etwas zu hohen Forderung ein, um einen etwas niedrigeren Kompromiss finden zu können, mit dem Ihr Chef zufrieden sein kann.

Sollte er nicht gleich zusagen, machen Sie klar, dass das für Sie in Ordnung geht, Sie aber nach einer gewissen Frist überlegen müssten, ob eine andere Firma Sie vielleicht mehr wertschätzen kann.

Fallstudie 2: eine Situation als Führungskraft

Selbstverständlich wollen wir uns das Ganze nun aus der Gegenperspektive ansehen. Nehmen wir also an, einer Ihrer Mitarbeiter möchte um mehr Gehalt verhandeln. Sie wollen den Mitarbeiter nicht demotivieren, seinen Gehaltsforderungen aber auch nicht zustimmen. Wie gehen Sie am besten vor?

Versuchen Sie, ab dem Zeitpunkt, an dem Ihr Mitarbeiter das erste Mal nach einer Gehaltserhöhung fragt, Autorität auszustrahlen. Achten Sie auf eine starke, dominante Körpersprache. Halten Sie sich dem anderen gegenüber stets erhöht. Das gilt ganz besonders, wenn das Gespräch dann beginnt.

Insgesamt können Sie hier ganz andere Manipulationstechniken nutzen als im Beispiel zuvor:

- das Prinzip der Autorität und Führung,
- die Körpersprache,
- das Paraphrasieren,
- die Ausnutzung von Bedürfnissen des anderen,
- den falschen Kompromiss,
- das Neurahmen der anderen Person,
- das Prinzip der sozialen Bewährtheit,
- das Prinzip der Knappheit.

Nachdem Sie durch Autorität und eine gute Körpersprache die richtige Grundlage gehört haben, geben Sie Ihrem Mitarbeiter zunächst die Möglichkeit, auszuführen, was er möchte. Fragen Sie ihn, sofern er das Gespräch nicht selbst darauf lenkt, wie er seinen Wert für die Firma einschätzen würde.

Stellen Sie viele Nachfragen in Form von Paraphrasierungen. In diesem Kontext erfüllen diese den Zweck, Ihren Mitarbeiter in die Ecke zu treiben. Sie stören dadurch empfindlich seinen Fluss. Er muss immer wieder innehalten, nachdenken und sich erklären. Damit greifen Sie seine Position an, ohne ihm das Gefühl zu vermitteln, ihn tatsächlich anzugreifen. Vielmehr gewinnt er immer mehr den Eindruck, dass er selbst nicht erklären kann, warum ihm mehr Gehalt zusteht.

Versuchen Sie, herauszufinden, was Ihr Mitarbeiter eigentlich will. Vielleicht will er sich ein schöneres Leben leisten können, vielleicht will er mehr Anerkennung unter den Kollegen bekommen, vielleicht will er einfach nur den Eindruck gewinnen, dass er der Firma etwas wert ist. Greifen Sie diese Sache, wenn Ihr Mitarbeiter irgendwann mit seinen Ausführungen fertig ist, auf. Bestätigen Sie ihm, dass Sie sich das auch für ihn wünschen und gerne behilflich sein wollen, dies zu erfüllen.

Gehen Sie dann in die Offensive, indem Sie dem Mitarbeiter einen falschen Kompromiss anbieten. Dafür müssen Sie zunächst natürlich überlegen, was Sie gewillt sind, anzubieten. Ganz ohne eine Zuwendung wird der Mitarbeiter an Motivation einbüßen. Nehmen wir an, Sie sind zum Schluss gekommen, dass Sie ihm ohne große Mehrkosten einen besseren Firmenwagen anbieten können, da demnächst ein neuer Kollege einsteigt, der dann den Wagen des Mitarbeiters übernehmen kann. Durch Kooperationen mit einem örtlichen Fitnessstudio können Sie ihm zudem eine kostenfreie Mitgliedschaft vor Ort anbieten.

Sie machen dem Mitarbeiter daher folgendes Angebot: Sein Gehalt steigt nur unwesentlich, dafür bekommt er den besseren Firmenwagen, eine Woche mehr bezahlten Urlaub sowie die Mitgliedschaft im Fitnessstudio. Das Ganze vergleichen Sie dann mit den Mitarbeitern einer Konkurrenzfirma, die all diese Vergünstigungen nicht erhalten.

Geben Sie dem Mitarbeiter dann einen neuen Rahmen, indem Sie klar machen, dass diese Dinge es eigentlich sind, die seine Ziele erfüllen. Machen Sie überzeugend klar, dass eine Gehaltserhöhung gar nicht im Interesse des Mitarbeiters ist und er von dieser Lösung viel mehr profitieren wird. Bestätigen Sie, dass einige der Kollegen einem ähnlichen Arrangement zugestimmt haben und damit sehr zufrieden waren. Erzählen Sie, wie toll das neue Auto und der Fitnessclub sind.

Zögert Ihr Mitarbeiter, machen Sie klar, dass dieses Angebot ein Ablaufdatum hat und dass seine Loyalität Ihnen viel bedeutet. Geben Sie eine Frist, bis zu der der Mitarbeiter sich entscheiden muss. Lassen Sie ihm nicht zu viel Zeit!

Fallstudie 3: eine Situation aus der Partnerschaft

Unsere letzte Fallstudie soll nun aus dem persönlichen Bereich kommen. Eine Beziehung, in der hemmungslos manipuliert wird, ist die Partnerschaft. Es ist daher sicher nichts Verwerfliches daran, wenn Sie aufhören, Ihren Partner unbewusst emotional zu manipulieren und ihn stattdessen bewusst, aber positiv manipulieren.

Der häufigste Streitgrund zwischen Paaren ist der Haushalt. 38 Prozent der Männer und sogar 47 Prozent der Frauen beginnen regelmäßig einen Konflikt wegen der Aufgabenverteilung im Haushalt.

Nehmen wir also an, Sie wünschen sich, dass Ihr Partner mehr Aufgaben im Haushalt übernimmt. Aktuell kümmern Sie sich um das meiste. Ihrem Willen nach soll der Partner in Zukunft mindestens einmal die Woche das Bad putzen.

Sie können nun vorbereitend zwei Manipulationsmethoden nutzen:

- das Prinzip der Gegenseitigkeit,
- das Suggerieren von Überlegenheit einer Sache.

Bereits eine Weile, bevor Sie Ihren Partner das erste Mal darauf ansprechen, sollten Sie ihn also mit Aufmerksamkeit bedenken. Geben Sie ihm etwas, das er gerne mag, zum Beispiel ein offenes Ohr, wenn er mal wieder Luft nach der Arbeit ablassen muss. Betonen Sie, wieviel Sie im Haushalt für die ganze Familie tun.

Präsentieren Sie ihm im nächsten Schritt immer wieder beiläufig Informationen, die ihm zeigen, dass es besser für Beziehungen ist, wenn Paare sich den Haushalt teilen. Sie können ihm dazu von anderen Paaren und deren Erfahrungen erzählen, beispielsweise aus dem Freundeskreis. Haben Sie Freunde, denen Sie vertrauen, bitten Sie diese, beim nächsten Treffen davon zu erzählen, wie sich deren Beziehung durch das Aufteilen des Haushalts verbessert hat. Lassen Sie zufällig Artikel oder Bücher offensichtlich liegen, die sich mit dem Thema beschäftigen. So wird Ihr Partner schon vor der Konfrontation immer wieder die Information empfanden, dass das Aufteilen der Aufgaben im Haushalt eine gute Sache ist.

Wenn Sie dann zum Gespräch übergehen, helfen Ihnen vor allem diese Techniken:

- der Gesprächsrahmen,
- das Prinzip der Beständigkeit,
- der falsche Kompromiss.

Wählen Sie auch hier den Gesprächsrahmen bedacht. Vermeiden Sie es, Ihren Partner „zwischen Tür und Angel" oder bei einem schönen Abendessen nach dem Aufteilen des Haushalts zu fragen. Das wird nicht gut funktionieren!

Bitten Sie ihn stattdessen bereits vorher um ein Gespräch zum Thema Haushalt. So vermeiden Sie auch, dass das Ganze in Streit ausartet, was einer Manipulation nicht förderlich ist.

Gehen Sie dann ähnlich vor wie bei der Gehaltserhöhung: Bringen Sie Ihren Partner dazu, immer wieder zuzustimmen, dass er weiß, wie überlastet Sie im Alltag sind, dass er Sie gerne unterstützen will und dass Sie ihm wichtig sind. Dann gehen Sie in die Offensive. Bieten Sie Ihrem Partner an, dass alles so bleiben kann wie es ist, Sie dann aber auf der Arbeit kürzertreten müssen. Rechnen Sie konkret vor, wieviel weniger Geld das bedeuten würde und welche Annehmlichkeiten Sie sich dann nicht mehr leisten könnten. Dann bieten Sie als falschen Kompromiss an, dass Sie weiter so viel arbeiten wie bisher, Ihr Partner dafür aber das Badputzen übernimmt.

Konterstrategien aus dem NLP

Zum Abschluss möchte ich Ihnen noch drei sogenannte Konterstrategien aus dem Umfeld der NLP-Theorie mitgeben. Doch was ist das überhaupt?

Es gibt immer wieder Situationen, in denen wir uns wünschen, **schlagfertiger** zu sein. Eine schlagfertige Antwort nennt man auch einen Konter. Es handelt sich bei Konterstrategien also um bestimmte, erlernbare Verhaltensweisen, die Ihnen helfen sollen, in Zukunft schlagfertiger in schwierigen Situationen zu reagieren.

Vielleicht kommt Ihnen das schwer möglich vor. Wir alle sind so erzogen worden, dass wir denken, Schlagfertigkeit sei eine Art Charakterzug, den man eben hat oder nicht. Tatsächlich aber handelt es sich dabei um eine trainierbare Fähigkeit.

Konterstrategien zu kennen und auch anwenden zu können ist ungemein wichtig, wenn Sie ein guter Manipulator werden wollen. Denn meistens brauchen wir diese in Situationen, in denen andere Menschen versuchen, uns zu manipulieren. Mit der passenden Konterstrategie steigen Sie sofort aus dem Manipulationsversuch eines anderen aus und drehen den Spieß wieder herum.

Auch hier gilt: Diese Strategien müssen Sie üben, bis Sie richtig sitzen. Dann aber können Sie sehr kraftvoll sein und Ihnen den Weg öffnen, auch schwer beeinflussbare Menschen ideal auf weitere Manipulationen vorzubereiten.

Die Basisstrategie: Suggerieren Sie Souveränität

Sie können nur gut kontern, wenn Sie dabei eine gewisse Souveränität – man könnte auch Autorität sagen – ausstrahlen. Das gilt in jeder Situation, in der Sie von einem anderen zum Konter herausgefordert werden und muss daher als absolute Basisstrategie gelten.

Allerdings fühlen wir uns in entsprechenden Situationen nicht souverän. Sie können ganz beruhigt sein – das geht uns allen so. Auch schlagfertige Menschen werden nervös und selbstunsicher, wenn man sie in die Ecke drängt.

Der Unterschied ist, dass diese Menschen es schaffen, Souveränität zu suggerieren!

Das funktioniert vor allem über Ihre Körpersprache:

- Richten Sie sich bewusst auf und versuchen Sie, eine möglichst selbstbewusste Haltung einzunehmen.
- Lächeln Sie leicht. Das nimmt dem anderen den Wind aus den Segeln.
- In einem persönlichen Gespräch halten Sie den Blickkontakt des anderen. Das weist ihn in die Schranken.
- In einem Gruppensetting, wie zum Beispiel bei Meetings, ignorieren Sie den anderen stattdessen und versagen Sie ihm Blickkontakt oder Aufmerksamkeit.
- Nehmen Sie sich einige Momente Zeit, um Ihre Antwort abzuwägen. Eine schlagfertige Antwort muss nicht „wie aus der Pistole geschossen“ kommen, auch wenn wir das häufig denken! Wenn Sie sich kurz Zeit nehmen, suggerieren Sie damit, dass Sie das Gespräch noch immer führen.

Inhaltliche Strategie 1: Lenken Sie vom Thema ab

Sie können nun auf zwei Arten kontern. Welche dieser Arten Sie bevorzugen, hängt sicherlich von Ihrem eigenen Naturell, Ihrem Gegner sowie der Situation ab. Beide Strategien können in nahezu jeder Situation erfolgreich sein.

Strategie 1 sieht so aus, dass Sie den Kommentar Ihres Gegenübers bestmöglich übergehen. Das bedeutet nicht, ihn zu ignorieren, denn das würde ganz und gar nicht schlagfertig herüberkommen. Stattdessen setzen Sie darauf, die Diskussion schnell zu zerstreuen oder wieder auf Ihre eigenen Ideen zu lenken.

Dazu können Sie zwei Strategien anwenden:

Die Diskussion vertagen: Sie kontern mit einem kurzen Satz, der das Gesagte anerkennt, aber als unwichtig für diesen Moment einstuft. Zum Beispiel können Sie sagen: „Guter Einwand, da reden wir später noch drüber."

Das eignet sich natürlich vor allem dann, wenn das Gegenüber einen sachlichen Einwand vorgebracht hat.

Verwirrung stiften: Eine Taktik, die sich vor allem bei unfairen Kommentaren eignet, ist die, vom Inhalt der Aussage des anderen schnell abzulenken, indem Sie Verwirrung stiften. Das, was Sie sagen, muss nicht einmal zur Aussage des anderen passen! Das funktioniert besonders gut bei Seitenhieben in Gruppensettings.

Legen Sie sich vorher Sätze zu Recht. Ein Beispiel wäre: „Wer keine Butter hat, kann auch keine Brote schmieren. Denken Sie mal darüber nach."

Inhaltliche Strategie 2: Drängen Sie den anderen in die Ecke

Sie können auch in die Offensive gehen. Dazu eignen sich ebenfalls zwei verschiedene Strategien:

Die sachliche Gegenfrage: Diese verwenden Sie, wenn Sie sich einem sachlichen oder anderweitig inhaltlich unterfütterten Argument entgegengestellt sehen. Stellen Sie eine Gegenfrage, die den anderen dazu zwingt, Stellung zu beziehen.

Beispiel: Sie möchten in eine entfernte Stadt umziehen. Ihr Partner ist nicht dafür. Er sagt: „Das bedeutet viel Unsicherheit für die Kinder." Sie können nun kontern: „Was bedeutet denn Unsicherheit für dich?"

Das falsche Gegenkompliment: Dieses verwenden Sie, wenn Sie sich einem unfairen Seitenhieb ausgesetzt sehen. Sie machen dem anderen ein „Gegenkompliment", welches höflich klingt, ihn aber wissen lässt, dass sie bereit sind, auf seiner Ebene zu spielen.

Beispiel: In einem Meeting verschütten Sie eine Tasse Kaffee. Ein Kollege sagt: „Passen Sie doch auf, Frau Dr. Schussel." Darauf könnte eine Dame nun ideal kontern: „Schön zu wissen, dass Sie ein solcher Gentleman sind!"

Ausblick

Sie sind nun gut gerüstet mit allen wichtigen Sprach- und Verhaltensmustern, um andere erfolgreich zu manipulieren. Nun heißt es: üben, üben, üben! Nutzen Sie die beschriebenen Techniken weise und versuchen Sie, den Vorteil aller im Blick zu behalten. Dann werden Sie schon bald ein hervorragender Manipulator sein.

Ich wünsche Ihnen viel Erfolg auf diesem Weg!

EXKLUSIVER BONUS

HÖRBUCH GRATIS ERHALTEN

Das 1x1 der Manipulation

Halten Sie Ihre Handykamera einfach auf den QR Code
und kommen Sie so zu dem Gratis-Download:

QR-Code mit Kamera scannen und
GRATIS Bonus erhalten:

Haftungsausschluss

Dieses Buch enthält Meinungen und Ideen des Autors / der Autorin und hat die Absicht, Menschen hilfreiches und informatives Wissen zu vermitteln. Die enthaltenen Strategien passen möglicherweise nicht zu jedem Leser, und es gibt keine Garantie dafür, dass sie auch wirklich bei jedem funktionieren. Die Benutzung dieses Buchs und die Umsetzung der darin enthaltenden Informationen erfolgt ausdrücklich auf eigenes Risiko. Haftungsansprüche gegen den Autor für Schäden materieller oder ideeller Art, die durch die Nutzung oder Nichtnutzung der Informationen bzw. durch die Nutzung fehlerhafter und/oder unvollständiger Informationen verursacht wurden, sind ausdrücklich ausgeschlossen. Das Werk, inklusive aller Inhalte, gewährt keine Garantie oder Gewähr für Aktualität, Korrektheit, Vollständigkeit und Qualität der bereitgestellten Informationen. Druckfehler und Fehlinformationen können nicht vollständig ausgeschlossen werden.

Impressum:
Ataro Kitap Yayıncısı, İsmet Kaptan, Gazi Blv. No:116, 35210 Konak/İzmir, Turkey,
atarokitap.izmir@gmail.com

Printed in Germany
by Amazon Distribution
GmbH, Leipzig

26082163R00065